Le Ghetto

Anne-Sophie Beauvais

Le Ghetto

KERO

KERO
une marque
CALMANN LÉVY

COUVERTURE
Maquette : Coco Bel Œil
Photographie : © Anne-Sophie Beauvais

ISBN : 978-2-7021-6831-8

Chapitre 1

Le village le plus riche de France

Le matin du 6 décembre 2017, Marnes-la-Coquette apprend le décès de l'un de ses habitants. Johnny Hallyday vient de faire ses adieux à la France et à des milliers de fans.

Cette petite commune de 1 700 habitants, située dans le département des Hauts-de-Seine, près de Paris, n'était pas vraiment préparée à cet événement, qui fait se rencontrer mythologie française et dévotion populaire, même si, au cours des précédentes semaines, alors que Johnny Hallyday luttait contre la maladie (ce fichu cancer des poumons), des dizaines de cars techniques de la télévision et de la radio s'étaient succédé dans les petites rues de la commune. Ils accompagnaient un ballet incessant de journalistes, accostant sur les trottoirs, caméras et micros à la main, chaque habitant de la commune pour obtenir un témoignage, un souvenir, une réaction, qui leur permettrait d'alimenter leurs journaux ou l'un des directs des chaînes d'info en continu.

À côté des journalistes, beaucoup de badauds et de fans, qui venaient parfois de loin jusqu'à Marnes, restaient debout pendant des heures sur les mêmes trottoirs, afin de communier, à distance et dans le froid – nous étions en plein hiver – avec leur idole. Des Français courageux et généreux, aux racines plus modestes que privilégiées.

Qu'ont pensé les habitants de Marnes-la-Coquette de toutes ces émotions médiatiques et plébéiennes sous leurs fenêtres ? Euphémisons en écrivant qu'ils n'ont pas apprécié. Vivre à Marnes, c'est, en effet, acheter une quiétude. C'est même l'acheter à prix d'or, puisque chaque maison de cette petite commune a aujourd'hui une valeur immobilière que convoitent les agences de la région, au nom de leurs très importantes commissions.

C'est d'ailleurs ce qu'ont peut-être pleinement réalisé les fans du chanteur lorsqu'ils sont arrivés aux abords de sa propriété, dans cette petite commune cossue et tranquille : leur idole les a fait rêver… en échange, ils lui ont permis de vivre très confortablement. Une maison ici, à Marnes, et deux autres, à Los Angeles et Saint-Barthélemy, dans les Antilles. Là réside d'ailleurs un pacte mystérieux : on tolère la richesse chez ceux, comme les footballeurs ou les chanteurs, qui procurent des émotions… mais on la trouve insupportable lorsqu'elle est présente chez les autres, qu'ils soient patrons ou gouvernants. Les fans de Johnny n'étaient évidemment pas venus à Marnes pour faire la révolution. Ils ont manifesté leur tristesse et sont repartis. Cette rencontre entre deux France, la populaire et la bourgeoise, s'est bien terminée.

Marnes-la-Coquette, pour ceux qui ne connaissent pas l'endroit, est en réalité un village. Un de ces villages immuables, qui se hâtent lentement vers leur avenir. Un bourg, modeste, resserré autour de son église et de sa mairie, que le XIXe siècle et le temps ralenti des campagnes imprègnent. Et une ancienne petite poste, transformée aujourd'hui en office notarial, mais dont on a gardé, depuis un siècle, sur le mur, l'antique inscription, cent fois repeinte, comme pour continuer de faire vivre une époque révolue : « Poste-Télégraphe-Téléphone ».

Arriver ici, étrangement, c'est avoir le sentiment d'être au cœur de la France, loin des grandes villes, au bout d'une route nationale, ensoleillée l'été, enneigée l'hiver. Aucun immeuble à l'horizon ou presque, sur toute l'étendue de la commune qui, avec le temps et l'après-guerre, a simplement gagné quelques quartiers résidentiels un peu plus contemporains au nord du village. Partout, des maisons cossues. Celles du bourg sont les plus belles, avec leurs façades claires, réalisations d'une architecture bourgeoise venue donner, à la fin du XIXe siècle, une élégance nouvelle à l'endroit.

Cependant, ce village n'est pas ordinaire. Nous ne sommes pas en province justement, mais au pied de la tour Eiffel ! Exagération ? Pas vraiment. Dix kilomètres seulement séparent Marnes-la-Coquette de Paris. Un village collé à la capitale, et qui est resté, contre vents et marées urbaines, pastoral et verdoyant. Car si l'on regarde Marnes sur une carte, elle apparaît en effet comme une belle tache verte jouxtant Paris : sur les 375 hectares que compte la commune, seuls 70 sont construits. À l'est se trouve le vaste parc de Saint-Cloud, dont une partie appartient à Marnes-la-Coquette ; au sud, la forêt domaniale de Fausses-Reposes, dont Marnes-la-Coquette partage la propriété avec la ville de Versailles ; et à l'ouest, un parc immense de 75 hectares dédiés aux chevaux, le Haras de Jardy. Un parc, une forêt et un haras… comme un écrin, ou plutôt une barrière naturelle et protectrice à ce village qui a ainsi pu, tel un îlot parfaitement caché, continuer à vivre à son rythme, comme bon lui semble, en dehors de l'agitation citadine et de la folle expansion parisienne. Car qui peut ignorer que Paris est une immense métropole, la première de France ? La région-capitale ! L'agglomération la plus dynamique, la plus dense en matière d'habitat, de transports, en matière économique aussi, avec ses commerces, ses entreprises, ses quartiers d'affaires. Une agglomération qui n'a cessé de pousser ses frontières avec le temps, et d'engloutir sans retenue, et avec une gourmandise vorace, toutes les parcelles et communes alentour. Comment cette métropole carnivore a-t-elle pu laisser vivre, sans y toucher, cette bulle verte et villageoise juste à côté d'elle, comme une incongruité à sa porte ? Heureuse situation, en tout cas, qui explique que de nombreuses personnalités connues, soucieuses de leur tranquillité, soient régulièrement venues se « cacher » à Marnes. Car Johnny Hallyday ne fut pas le seul. Jacques Séguéla, Maurice Chevalier, Jean Marais, Hugues Aufray, Danielle Darrieux, Alain Prost… tous ont laissé des traces, des souvenirs, ici, à des époques différentes. Aux « VIP », il faut aussi ajouter les riches hommes d'affaires, entrepreneurs, avocats ou banquiers, qui ont élu domicile à Marnes-la-Coquette, partageant le même souci de gagner tranquillité, discrétion et qualité de vie.

Avant le décès de Johnny Hallyday, qui l'a rendu célèbre, Marnes-la-Coquette ne s'était, en effet, jamais exhibé, laissant cela à d'autres lieux en France, comme Neuilly-sur-Seine ou Saint-Tropez. Toutes les personnes, riches ou célèbres, qui sont venues s'installer là ne recherchaient aucune publicité, au contraire. Et toutes ont été attirées ici par une route, une seule : celle qui les mène de Paris, justement, à Marnes-la-Coquette. Cette route traverse le parc de Saint-Cloud, qui est donc à la fois la grande barrière protectrice mais aussi la voie la plus extraordinaire, depuis la capitale, pour accéder au village. On l'emprunte en voiture, pour rentrer chez soi et laisser à Paris toute l'agitation de la journée. On avance sur de larges allées bordées d'arbres centenaires, le long de jardins terrassés à la française, surplombant la tour Eiffel. On y voit, sur les côtés, de larges bassins et des fontaines qui offrent parfois des jeux d'eau ; et puis, plus l'on s'enfonce dans le parc, plus l'on découvre des parties boisées, plus denses et plus profondes, où il n'est pas rare d'apercevoir, depuis sa voiture, des biches apeurées qui arrivent jusqu'à la route, quand ce ne sont pas des écureuils que l'on manque d'écraser. Au bout du parc, se dessine alors une vaste et lourde porte de bois, officiellement baptisée « la porte Blanche », parce que repeinte en blanc depuis deux siècles, et qui ouvre majestueusement l'accès au cœur du village de Marnes. Le passage de cette porte symbolise l'entrée dans un autre monde, où l'Histoire s'entremêle à une forme d'art de vivre.

Deux hommes ont, en effet, marqué le passé de la petite commune. Le premier fut Napoléon III, qui séjourna dans le château du parc de Saint-Cloud, aujourd'hui disparu (un château où son oncle, Bonaparte, organise son coup d'État du 18 Brumaire, puis se fait désigner empereur par ses pairs, le 18 mai 1804, et où lui-même signa la déclaration de guerre à la Prusse, en juillet 1870). Napoléon III, à l'échelle de Marnes-la-Coquette, y jouera un rôle important puisqu'il fit notamment édifier à ses frais, dans le bourg du village, l'église que l'on connaît aujourd'hui (la Révolution avait détruit celle qui existait auparavant). Cette église portera le nom de l'impératrice, qui appréciait beaucoup l'endroit : Sainte-Eugénie. C'est d'ailleurs elle qui obtint un décret, en 1859, rendant hommage à la qualité de ce village. Ce décret officialisa le nouveau nom de la commune : Marnes-lès-Saint-Cloud devint Marnes-la-Coquette. Un nom charmant, qui devait à lui seul évoquer un endroit qui l'était tout autant et qui séduisait, à l'époque du Second Empire, toute l'aristocratie. Celle-ci se pressait en effet à Marnes, notamment pour goûter les joies de son hippodrome (aujourd'hui disparu) et de ses courses de chevaux.

Quelques années plus tard, en 1885, c'est Louis Pasteur, grand nom de la science, qui vint s'installer à Marnes, après que son laboratoire fut chassé de Paris : les chiens cobayes de son animalerie faisaient trop de bruit… C'est donc ici que Pasteur éradiqua les plus graves fléaux de l'humanité au siècle dernier, comme la rage, la diphtérie, mais aussi la peste et d'autres bacilles et virus au pouvoir destructeur.

Le square Louis-Pasteur, baptisé ainsi en hommage au scientifique, est aujourd'hui l'endroit le plus charmant et le plus calme du petit bourg de Marnes : à l'abri de la circulation des voitures, sa pelouse, et le chemin qui le traverse et mène aux grilles du parc de Saint-Cloud, sert de lieu de promenade et de repos aux villageois.

Avec cette cohabitation, dans la mémoire du lieu, de Napoléon III et Pasteur, l'empereur transformateur et le scientifique révolutionnaire, Marnes-la-Coquette aurait pu être surnommée « Marnes-les-Conquêtes ». D'où cette question qui surgit lorsqu'on se promène dans cet endroit si tranquille : faut-il parfois s'isoler du monde pour mieux se consacrer aux autres ou aux grandes œuvres et manœuvres politiques ?

Car autant le dire sans retenue, puisque ce livre en fera largement état : ce village vit d'un repli sur lui-même parfaitement assumé. Les habitants ont bien compris qu'ils vivaient à la porte de Paris, dans un environnement très privilégié, et ils en deviennent les gardiens zélés, parfois trop zélés, conférant à cet endroit une mentalité un peu étrange, parfois quelque peu hostile. Comme en ce mois de décembre 2017, alors que les fans de Johnny et les journalistes des chaînes d'info en continu font le pied de grue dans le cœur du village. Ils ne sont pas autre chose, aux yeux des Marnois – les habitants du village – que des *allogènes*, des envahisseurs que l'on ne désire pas.

Une mentalité qui n'est pas sans lien non plus avec une des caractéristiques « sociologiques » du lieu : Marnes-la-Coquette est, d'après la

Direction générale des impôts, la commune la plus riche de France. Le label n'est pas usurpé puisque ses habitants ont, en effet, le revenu annuel moyen par foyer fiscal le plus élevé de notre pays : environ 125 000 €, soit quatre fois et demie la moyenne nationale. On imagine alors facilement – et on a raison de le faire – que le *repli sur soi* de ce village devient même, par la force des choses ou plutôt de l'argent, un véritable *entre-soi.*

Raconter Marnes-la-Coquette, c'est donc tenter de raconter un petit morceau de France, celui dont on parle peu finalement : cet îlot de l'archipel français qui est réservé aux nantis et qui fait contrepoids, à l'autre bout de l'échelle sociale, aux « banlieues » françaises, celles des quartiers difficiles. Voilà bien deux mondes qui ne sont pas très éloignés d'un point de vue géographique, mais que tout oppose.

Trappes, on le sait depuis l'édifiante et passionnante plongée dans « la Communauté[1] », c'est Jamel Debbouze, Nicolas Anelka et Omar Sy. C'est aussi ces héros du quotidien que sont

1. *La Communauté* est le titre du livre écrit par deux journalistes du *Monde*, Raphaëlle Bacqué et Ariane Chemin, qui ont mené une enquête sur la ville de Trappes (Albin Michel, 2018).

les profs, éducateurs, élus... Et c'est la mutation d'une cité ouvrière en un territoire conquis par les communautarismes, qui a vu plusieurs de ses enfants rejoindre le califat de l'État islamique.

Marnes-la-Coquette, à seulement quelques kilomètres de distance de Trappes, c'est, on l'a dit, Johnny Hallyday, Jacques Séguéla, Maurice Chevalier, Hugues Aufray, mais aussi ces riches familles du Golfe ou de Russie et ces banquiers ou entrepreneurs de la nouvelle économie qui sont devenus millionnaires. Et à l'instar de Trappes, c'est également l'histoire d'une mutation, celle d'un petit « village » de France, presque comme les autres, qui se transforme en une citadelle cachée, abritant confort, luxe et privilèges.

Comment en est-on arrivé là ? Roland Barthes a dit un jour qu'« une ville est comme un texte ». Selon lui, il y a un langage des villes, *plus ou moins* accessible, auquel nous sommes chacun *plus ou moins* réceptif. Les habitants de Marnes se sont-ils dit, un jour, « faisons sécession, gardons ici uniquement les catégories supérieures de la population pour être *entre nous* » ? Ou bien cette réalité sociale a-t-elle mis du temps à s'installer ? Quelles sont, finalement, les causes et les conséquences de ce « symptôme » lui aussi, d'une certaine façon, communautaire ? Ce livre invite donc à faire connaissance avec les différents personnages de ce « village de riches » aux abords de Paris. Avec son arborescence complexe, son histoire, son atmosphère et ses règles de vie uniques, parce que l'endroit l'est aussi.

Un avertissement m'a été donné, malgré tout, par un riche propriétaire de Marnes, qui a reçu très fraîchement cette idée de livre : « Mais personne ici n'a envie que vous parliez de Marnes ! Pourquoi vous lancez-vous là-dedans ? Tous les Marnois vous diront la même chose, croyez-moi ! En plus, je sais très bien ce que vous allez dire... la ville des riches ! Pire : le ghetto de riches ! Voilà, c'est forcé ! Et vous savez que si vous dites cela, ça va mal finir. Ça va finir par une révolution ! Vous savez ce qui se passe quand les pauvres réalisent combien les riches sont riches ? Eh bien, ils font la révolution. C'est ce qui s'est passé avec Louis XVI... Ne parlez pas de la façon dont on vit ici ! »

Je ne sais pas, au moment même où j'écris ces lignes, si les braises de la révolution crépitent déjà... En ouvrant les portes des maisons de Marnes-la-Coquette, je veux simplement incarner, par des personnages bien réels, par l'histoire aussi d'un village ancré dans la géographie française, ce que j'appellerai ce « grégarisme social » qui fait que les catégories les plus favorisées ont tendance, aujourd'hui, dans notre pays, à vivre entre elles, presque en vase clos, dans des citadelles protégées, et à développer, sans s'en rendre compte, une attitude de distance – que certains qualifieraient même de mépris – vis-à-vis du reste du monde.

Mais Marnes-la-Coquette, et j'espère que ce livre lui rend aussi hommage, n'est coupable de rien. Car le village, que je connais bien pour y avoir aussi vécu, est devenu bien malgré lui une citadelle.

Chapitre 2

Fortunes d'hier et d'aujourd'hui

Elle est immense, La Savannah, maison de Johnny Hallyday, avec ses 900 mètres carrés et son jardin de plus de 5 000 mètres carrés. Autant de mesures qui en imposent et qui, en plus, ne disent rien du luxe et du confort intérieurs de cette maison de star. Alors est-elle la plus belle de Marnes, celle qui vient jeter sur le petit village un éclat de richesse ? Pas vraiment, en réalité. La Savannah a des rivales ! Et pas des moindres. Toutes ces maisons font partie de ce que l'on appelle à Marnes « le Parc ». Entendez le parc privé : 70 hectares fermés, clos de murs, tout proches du centre du village, dans lesquels à peine trente demeures ont été construites sur 10 de ces 70 hectares. La soustraction faite, il est facile d'imaginer la taille des terrains qui entourent chacune de ces maisons. D'ailleurs le « règlement intérieur » du Parc le stipule (eh oui, un texte régit bien le fonctionnement de cet endroit, afin qu'aucun promoteur immobilier ne vienne l'enlaidir) : aucun terrain ne peut faire moins de 4 000 mètres carrés – il s'agit là d'un minimum, ce qui signifie évidemment que certaines de ces maisons sont encore plus gâtées. Mais attention : même si leur taille le rend possible, aucune de ces propriétés ne peut se transformer en gîte – même de luxe – ou en « relais et château »... C'est encore le règlement du Parc qui le stipule : tout commerce, toute activité de « business », quels qu'ils soient, y sont strictement interdits.

Combien valent ces demeures qui, rappelons-le, se situent à la porte de Paris ? Les chiffres me dépassent, tant leur montant est abstrait pour ma bourse : 3, 5, 10 millions..., ai-je entendu dans la bouche d'un agent immobilier, qui me parlait même de cette maison vendue à 20 millions d'euros ! « Un marché de niche, peu touché par la crise »... Je veux bien croire cet expert sur parole.

Quel salaire faut-il alors toucher pour être en mesure d'acheter l'une de ces maisons ? C'est la question que j'ai posée à l'un des propriétaires. Il a souri – non pas devant l'audace de mon interrogation, mais devant sa relative naïveté – et m'a répondu avec simplicité, cordialité et pédagogie : « Quand vous vivez dans une maison à

Marnes, aujourd'hui, ce n'est plus une question de salaire. Ce sont des personnes qui ont gagné du capital. Avec un salaire de 500 000 € par mois, par exemple, l'État en prend tout de suite 300 000 €, il vous en reste donc 200 000… ceux qui touchent un tel salaire vont avoir facilement un train de vie qui va les amener à dépenser 100 000 €, donc il ne leur reste plus que 100 000 à la fin du mois. Si vous multipliez 100 000 par 12, vous avez 1,2 million d'euros à la fin de l'année, cela ne suffit pas pour vous payer une maison dans le Parc. La dernière s'est vendue à 15 millions, par exemple. Il faut donc avoir du cash disponible pour acheter à Marnes. Ce sont des héritages, pour beaucoup. Ou des entrepreneurs qui ont fait fortune. » La leçon est limpide. Il est donc là, le Marnes des riches et des puissants !

S'il vous venait l'idée d'aller justement flâner du côté de ce Parc, pour tremper votre curiosité dans la vision de ces belles demeures, il vous faudrait contourner bon nombre d'obstacles et d'interdictions. Le premier d'entre eux serait le portail métallique qui, en effet, bloque l'accès au domaine. Les panneaux accrochés aux grilles vous avertissent : « Voie sans issue », « Propriété privée, défense d'entrer ». Et si vous cherchez, malgré tout, à pénétrer dans l'enceinte du domaine sans être invité par l'un des résidents – par exemple, en vous faufilant après le passage d'une voiture autorisée –, la gardienne, qui habite une petite, mais ravissante maison, juste derrière ce grand portail, se chargera de vous reconduire, comme tous les autres contrevenants, avec la fermeté qu'il convient, je vous l'assure…

Ce domaine, fermé aujourd'hui à double tour, a été parcellisé en 1856 et séparé du reste de la forêt de Fausses-Reposes qui l'entoure. Nous sommes sur les anciennes chasses du roi Louis XVI. Ce nom, « Fausses-Reposes », peut intriguer le profane. C'est en réalité un mot tiré du langage cynégétique, qui désigne ces haltes que fait le cerf pourchassé dans quelque repli de terrain ou fossé, moins pour reprendre haleine que pour se dissimuler. Aujourd'hui, il ne reste évidemment plus aucun cerf dans le Parc, et encore moins de loups, comme au temps de Louis XVI. Seuls quelques renards ou biches de la forêt voisine se glissent encore parfois furtivement dans les jardins.

Je me suis promenée dans ce Parc à plusieurs reprises. Chaque fois, j'ai été frappée par le lieu.

On y remonte de longues allées, bordées d'arbres majestueux, qui vous dominent. Rien à voir avec des haies de buis ou de petits conifères qui donneraient à l'endroit un air trop propret, comme si un jardinier avait tout bien pensé. Non, ce n'est pas un « faux espace » de verdure fabriqué par l'homme. C'est bien un retour à la nature, celle de la forêt, que l'on a volontairement préservée en choisissant, à certains détours, de la nettoyer, de la creuser, pour y faire pénétrer de la lumière et y dessiner de larges allées permettant de circuler. Et si le lieu garde ainsi une forme de densité, c'est pour y abriter de façon confidentielle des maisons, au milieu des feuilles et des branchages. Ces résidences restent ainsi protégées des regards, même pour ce fameux et téméraire promeneur qui oserait s'aventurer là sans y être invité.

Des caméras de surveillance sont accrochées dans les arbres de cette forêt, ou en surplomb des portails d'entrée. Des hauts murs encadrent aussi certaines maisons. On y devine des terrains de tennis, des piscines. On entraperçoit – mais pas plus – des maisons d'architecte, plutôt contemporaines, mais aussi des hôtels particuliers du XIXe siècle.

Qui habite là ? Répondre à cette question, c'est choisir son époque. Et c'est choisir sa France, en quelque sorte. Celle d'hier ou celle d'aujourd'hui. La villageoise ou la globalisée. La France, charnelle, des petites patries, ou celle, plus anonyme, de la mondialisation. Marnes-la-Coquette et son Parc privé sont passés subrepticement de l'une à l'autre. D'un petit territoire de France où les maisons, quelle que soit leur taille, étaient dépositaires d'une identité et d'un avenir commun, on a glissé vers un nouveau monde plus panaché où les individus – aux origines soudainement plus diverses, du Qatar à la Chine, en passant par l'Afrique ou la Russie – vivent chacun chez soi, étrangers les uns aux autres. L'argent est là, dans ce Parc de Marnes, quelle que soit l'année dont on parle, c'est une évidence. Mais il ne raconte pas la même histoire.

Commençons par celle d'hier, quand l'argent se faisait encore discret, qu'il ne s'exhibait pas et nous parlait de grandes familles françaises implantées à Marnes pour vivre près de Paris, à côté de leurs activités bancaires ou industrielles, dans une oasis de verdure. Il nous parle aussi d'artistes – et pas encore de showbiz – à la recherche d'un peu de tranquillité au milieu de leur célébrité, encore douce, d'après-guerre. Il nous parle de colonels de l'armée ou d'ingénieurs des ponts-et-chaussées, qui gagnent très bien leur vie et veulent élever leur famille dans un environnement privilégié. C'est aussi l'époque, commencée dans les années 1930 jusqu'aux années 1980, où ces grandes maisons abritent souvent enfants, parents et grands-parents, dans une belle harmonie générationnelle, sous le même toit.

Ce fut le cas du banquier Maurice Schlumberger, qui fut sans doute l'un des plus riches propriétaires du Parc et qui vécut à Marnes entouré d'une grande partie de sa famille.

Maurice Schlumberger est venu s'installer à Marnes en 1927, après avoir choisi de quitter la vie parisienne et la rue de La-Bourdonnais dans le très chic VIIe arrondissement, où il vivait jusque-là. Il voulait se retrouver au cœur de la nature et avoir ainsi, comme le confie son biographe, une « contrepartie aux mondanités ». En plus d'être banquier, Maurice Schlumberger était un géographe passionné, un jardinier néophyte, mais savant… et un « bûcheron », aimait-il lui-même préciser, un peu narquois. Son petit-fils, Ion Babeanu, qui a aujourd'hui une soixantaine d'années et qui a vécu à Marnes sur le domaine de son grand-père, se souvient d'ailleurs très bien de ce dernier, quittant les confins de la propriété pour se rendre dans la forêt de Fausses-Reposes et tailler, couper, nettoyer lui-même les bois avec une serpe afin d'en dégager des chemins praticables. Tout cela se faisait sous le regard tolérant du garde des Eaux et forêts. Ce dernier devait très certainement apprécier ce travailleur bénévole qui, en épargnant les écus de l'État, contribuait à soigner les lisières de la forêt. D'ailleurs, Maurice Schlumberger considérait cette forêt comme un prolongement de sa propriété. Il le disait souvent en plaisantant. Et quand il ne consacrait pas du temps à cette forêt, il participait financièrement, et très généreusement, à son entretien. Mais c'était aussi l'identité du Parc privé de l'époque : il n'était finalement, le mot est juste, que le *prolongement* de Marnes, de son village et de la forêt.

Ion Babeanu se souvient des trois maisons construites sur le terrain de son grand-père : la grande, celle de Maurice Schlumberger, appelée « le Haut-Bois » ; celle du gardien ; et la « maison du stade » où les parents d'Ion se sont installés dans les années 1950. Cette maison se situait à 50 mètres du Haut-Bois, mais était séparée d'elle par un jardin. La mère d'Ion, Henriette, était la dernière fille du couple Schlumberger, qui était heureux, avec cette installation, d'avoir auprès de lui une partie de ses petits-enfants. La famille Babeanu vivait entre l'Espagne et la France, ce qui donna à Ion et à ses quatre frères et sœurs une vie atypique et nomade.

Ion n'aura ainsi connu l'école communale de Marnes qu'une seule année, à ses 10 ans : « C'était un peu l'ambiance de *La Guerre des boutons*, dans cette petite école de village. » Il ira ensuite dans des classes internationales au lycée de Sèvres, à quelques kilomètres de Marnes...

Son enfance dans la maison de ses grands-parents fut joyeuse et simple : « Il faut comprendre que le Parc de Marnes n'était pas du tout un endroit riche comme aujourd'hui. C'était plutôt un lieu un peu sauvage. Rien n'était fermé à l'époque, le gardien et sa mitraillette, c'est venu beaucoup plus tard » ; et il poursuit : « Après la guerre, il y avait même des maisons abandonnées... L'une d'entre elles avait été squattée par des gens, et comme on était dans le programme des maisons inoccupées d'après-guerre, ils sont restés là très longtemps. Ces maisons abandonnées étaient notre terrain de jeu, enfants. Quand nos petits cousins venaient nous voir, c'était les enfants de la ville qui s'amusaient, chez nous, à grimper dans les arbres ! On allait de temps en temps au café du village... c'était la grande sortie pour nous. Et puis, je vous avoue que quand je suis allé au lycée, j'ai eu une mobylette... et le plaisir était alors de quitter Marnes ! »

La maison des Schlumberger, le Haut-Bois, était évidemment aussi cossue que leur fortune le leur permettait : de gros travaux avaient été faits en 1927 pour agrandir et transformer la maison d'origine qu'ils avaient achetée. C'est dans un style « cottage anglais » que l'opération fut décidée et de nombreux jardiniers, paysagistes, dont certains étaient justement anglais, prirent en charge la conception du jardin avec la plantation de centaines de plants de fleurs et de massifs. En se plongeant dans quelques archives familiales, on retrouve de magnifiques photos du Haut-Bois, dont celles prises pendant une très belle garden-party en 1962. Deux mille personnes, ce jour-là, sont venues à Marnes-la-Coquette, à l'invitation de ce prestigieux propriétaire qui écrivit à propos de cette journée : « Mon désir est de rapprocher différents groupes d'origines très diverses mais dont les intérêts sont ou bien communs, ou bien utiles à relier. C'est donc dans le sens le plus large une réception de "public relations" que je crois utile au groupe. Je n'en ai jamais donné de semblables et je la considère comme unique dans mon existence. J'ai choisi cette date qui correspond d'une part à mon anniversaire (j'aurai 76 ans le 20 mai) et d'autre part à l'époque la plus favorable pour les rhododendrons de mon jardin. » Lors de cet événement un peu hors normes pour le petit village de Marnes, qui vit arriver ce jour-là de si nombreuses et belles voitures, c'est un peu le Tout-Paris (déjà !) qui fit le déplacement : ministres, ambassadeurs, artistes, financiers bien sûr. Et l'officier des Eaux et forêts, que Maurice Schlumberger n'oublia évidemment pas ! Ce fut, paraît-il, « une très belle journée ».

L'atmosphère du Parc privé, dans ces années 1960 et 1970, est donc très vivante. Privilégiée, certes, mais vivante. D'ailleurs, à cette époque, Ion Babeanu l'a mentionné, le Parc n'est pas fermé ! N'importe qui peut y entrer sans difficulté et y circuler. Pas de portail métallique qui contrôle arrivées et sorties. Pas de caméras perchées dans les arbres. Une libre déambulation qui donne à l'endroit une tonalité bien différente de celle d'aujourd'hui. Les enfants du bourg du village, qui sont encore – cela va changer avec le temps – fils ou filles d'artisans, viennent d'ailleurs jouer dans le Parc sans se sentir « malvenus » ou « non désirés ».

C'est le cas de Francis Caribaux, qui a aujourd'hui 70 ans. Peintres artisans de pères en fils, sa famille est installée à Marnes depuis huit générations ! L'entendre parler de son enfance et de son adolescence dans les années 1950 et 1960, c'est comprendre qu'une vie de village, qui réunissait un cercle large et convivial d'habitants, s'est érodée avec les années. À cette époque, me raconte-t-il, à Marnes, « tout le monde se connaissait. On était en famille dans le village ». Francis Caribaux se souvient du conseil municipal : « Quand tous les habitants de Marnes sont revenus de la guerre, en 1945, c'étaient tous des copains, ils ont monté le conseil municipal ensemble. C'était une atmosphère unique, entre amis. » Et parce qu'on tissait des liens élargis entre voisins et qu'on aimait se retrouver nombreux autour d'une même table, on ne pensait pas beaucoup aux « catégories sociales ». Termes très employés aujourd'hui, mais qui n'étaient ni dans les esprits ni dans les bouches de l'époque… comme si, justement, les différences *sociales*, pour réelles qu'elles étaient, n'étaient pas un sujet dans le quotidien du village… et donc dans celui du Parc, qui n'était, je l'ai écrit, que son prolongement.

« Dans le Parc, me dit Francis Caribaux, il y avait des gens comme nous finalement. Des gens aisés, mais simples en réalité. Beaucoup de familles nombreuses : les Lavoisier, un ancien colonel de l'armée qui avait sept enfants. Le colonel s'occupait des scouts du village ! La famille Schlumberger était là. Les Cassegrain, aussi, qui étaient les fondateurs et héritiers de la marque Longchamp. Les enfants Cassegrain allaient à l'école avec nous et on allait jouer chez eux. Et puis, il y avait le général Eisenhower, qui commandait le SHAPE[1] à l'époque. D'autres hauts dirigeants américains étaient là aussi, dans le Parc. On est dans les années d'après-guerre, avec la présence américaine en France. Quand Mme Eisenhower sortait du Parc, tous les mômes entouraient sa voiture, qui était vert

1. Supreme Headquarters Allied Powers Europe ; soit le centre de commandement militaire des forces de l'OTAN en Europe. Le SHAPE restera basé en France jusqu'en 1966, année au cours de laquelle le général de Gaulle annonce le retrait de la France du commandement militaire de l'OTAN et exige la fermeture de toutes les bases de l'OTAN sur le territoire.

pomme avec le toit blanc, dans le pur style américain des années 1960, je m'en souviens ! Elle donnait des chewing-gums, des bonbons... on se jetait tous sur elle. »

À cette époque, les enfants de Marnes circulent beaucoup sur de vieilles bicyclettes et, d'un coup de pédale, ils viennent jouer à cache-cache dans les parties boisées du Parc. Ils organisent aussi des matches de football sur les grandes pelouses des maisons ou bien encore des parties interminables de « boîte de conserve » ; un jeu semble-t-il passionnant mais, pour être honnête, dont je n'ai pas vraiment compris les règles. Il faut dire qu'à l'image des boîtes de conserve, les jouets des années d'après guerre ne sont guère sophistiqués. En fait, tous les enfants du village se sentent tout simplement libres dans ce Parc où ils peuvent se distraire à leur guise et même vendre quelques services de jardinage ou de portage d'eau pour se faire un peu d'argent de poche.

Certains propriétaires du Parc ouvraient même leur maison aux enfants du bourg pour les laisser, par exemple, monter leurs chevaux. Jean Marais (dont la maison n'était pas exactement dans le Parc mais à quelques mètres à peine de l'entrée) laissait, lui, sa piscine ouverte tout l'été, pour que les gamins puissent en profiter : « On allait faire les cons dans sa piscine... c'était l'époque où il tournait tous ses films de cape et d'épée. Il avait une voiture de sport, une Facel-Vega et, comme souvent il n'avait pas d'essence, il venait chez mes parents en prendre parce qu'il savait que nous gardions des jerricanes. Il venait faire son plein chez nous, en quelque sorte ! Il était très sympa », ajoute Francis Caribaux.

Jean Marais s'est en effet installé à Marnes dans les années 1950, au moment où sa carrière le fait tourner avec les grands réalisateurs de l'époque, de Jean Delannoy à Sacha Guitry, en passant par René Clément. Il décide alors de se lancer dans l'aménagement d'un vaste parc de plus de 5 000 mètres carrés, où se trouvait déjà un pavillon de chasse du XIXe siècle. Il y fait construire une splendide villa de plain-pied, où il résida au gré de son emploi du temps et de ses tournages pendant une vingtaine d'années, jusqu'au début des années 1970. Son ami Jean Cocteau y séjourna également souvent, jusqu'en 1963, année de son décès.

Jean Marais, Maurice Schlumberger, ainsi que toutes ces anciennes familles aisées qui étaient installées dans le Parc de Marnes... tous partageaient un même attachement à la vie du village.

Ils faisaient leurs courses à l'épicerie, dînaient au café du bourg, envoyaient leurs enfants à l'école communale. Et tous, sans exception, participaient avec fidélité et convivialité à la sociabilité villageoise, comme lors des fêtes organisées sur la place de la mairie, que personne n'aurait manquées.

Par cet enracinement, une forme d'allégeance locale se formait ainsi : ces familles se sentaient des obligations envers la commune et ses habitants. Leur argent et leur maison impliquaient tacitement un certain devoir d'hospitalité. Je n'ai pas encore évoqué l'autre Maurice – Chevalier – qui, toute star internationale du music-hall qu'il était, recevait parfois dans sa maison les enfants du village pour le goûter, lorsqu'il n'était pas en tournée.

L'engagement de certaines familles aisées de Marnes pouvait aussi être politique : plusieurs d'entre elles se sont, par exemple, longtemps succédé à la tête de la commune, non pas pour gagner en influence par le jeu des élections, mais simplement pour se mettre au service de leur village. Et ceux qui se présentaient à la mairie n'avaient pas besoin d'étiquette pour le faire. Comme me le raconte un sénateur des Hauts-de-Seine, qui est loin de débuter en politique et qui connaît donc toutes les subtilités des mandats locaux, « être maire à Marnes, ce n'est pas facile. C'est un village, un microcosme, il faut donc être connu de tout le monde ! Quand vous êtes maire dans une ville de 80 000 habitants, c'est sur un programme, sur une ligne politique que vous pouvez être élu. En revanche, dans une petite commune, il faut être connu et jugé apte, c'est pour cela que les notables s'y collaient souvent ».

Aujourd'hui, tout a changé. De manière très factuelle, tout d'abord, Ion Babeanu et Francis Caribaux l'ont dit, le Parc s'est refermé sur lui-même, en se barricadant comme une citadelle pour ne plus avoir de contact avec l'extérieur. Ce qui veut dire, assez logiquement : plus de contact avec le reste du village de Marnes.

Pourquoi une telle évolution ?

Une première piste de réponse m'est donnée par un riche propriétaire, qui m'intime un peu de compréhension lorsque j'évoque le sujet avec lui. Il me rappelle, en effet, que la période actuelle nécessite quelques ajustements en matière de sécurité : « Les premières invasions que l'on veut éviter dans le Parc, ce sont surtout celles des cambrioleurs. »

Manifestement, le débat a été long à trancher lors des dernières assemblées générales de copropriétaires : faut-il mettre en place une sécurité privée, c'est-à-dire des équipes de ronde qui circuleraient dans tout le Parc, notamment la nuit, pour protéger les maisons ? Certains s'y sont opposés, ce sont d'ailleurs les plus anciens, ceux qui y ont connu une autre vie : « Attention, il ne faut pas faire ici un ghetto de riches, une forteresse gardée ! » Deux fois, avant 2015, des propositions permettant de mettre en place cette surveillance sont donc retoquées en AG. Mais une vague de huit cambriolages en trois mois finit par convaincre les plus récalcitrants. Sur une des vidéos de surveillance du Parc, on voit même des cambrioleurs, cagoulés et armés de haches, entrer dans une maison… heureusement, les propriétaires étaient absents cette nuit-là ! Dans une autre maison, l'histoire m'est racontée par un des propriétaires, « les mecs sont repartis avec un million d'euros. En cash, montres et bijoux ». Et cette même personne m'explique ce que j'ignorais absolument : « Dans une banque, le dépôt moyen en cash, à l'instant T, est de 96 000 € ! Voilà ce qu'une banque a en caisse. La différence est vite vue pour un cambrioleur : une banque a des caméras, des alarmes très sophistiquées, des doubles portes blindées, la police qui n'est jamais loin… et là, dans des maisons comme les nôtres, vous avez un million à portée de main quasiment ! Le choix entre une banque et Marnes-la-Coquette est vite fait ! » Et puis, le constat tombe, avec un peu d'amertume : « Quand l'État n'est plus en mesure d'assurer la sécurité de ses concitoyens, ceux qui en ont les moyens s'organisent. Il ne faut pas faire d'économies là-dessus. Et bientôt, avec tout ce qui se passe, ce seront des milices encore plus organisées qui se développeront, j'en suis certain. » Voilà donc, en tous les cas, une dépense acceptée en AG de copropriété : chaque maison s'acquitte dorénavant de plus de 1 200 € de charges par mois pour assurer la sécurité privée de cette immense propriété privée.

Mais ce souci de sécurité n'explique pas tout non plus. La principale évolution qui a sans doute grandement contribué à la fermeture du Parc, et donc à son isolement par rapport au reste du village, est l'arrivée de nouveaux propriétaires. Les vieilles familles aisées de Marnes ont en effet progressivement laissé leur place à de nouvelles fortunes bien plus cosmopolites et vagabondes, qui n'ont plus aucun lien ni aucune obligation envers la commune qui les accueille.

Arrivent à Marnes ces professions qui vivent au rythme de la mondialisation et de la mobilité des capitaux : qu'il s'agisse par exemple de ces banquiers d'affaires, de ces entrepreneurs de la « nouvelle économie », ou bien encore de ces publicitaires, aujourd'hui tournés vers une consommation et un marché des produits devenus planétaires. Arrivent aussi toutes ces fortunes étrangères venues du Qatar, d'Arabie saoudite, de Chine, d'Afrique ou encore de Russie. En fait, il suffit d'énoncer, comme je viens de le faire, la liste de ces nouveaux venus dans le Parc de Marnes pour se rendre compte que la question de l'enracinement sur un territoire n'est pas leur sujet.

Cet « isolationnisme » des plus riches a été théorisé par Jérôme Fourquet, dans son livre *L'Archipel français*. Il y parle de « séparatisme social » qu'il analyse de la façon suivante : « Les occasions de contacts et d'interactions entre les catégories supérieures et le reste de la population se raréfient. De manière plus ou moins consciente et plus ou moins volontaire, les membres de la classe supérieure se sont progressivement coupés du reste de la population et se sont ménagé un entre-soi bien confortable pour eux. [...] Cette distance croissante aboutit à l'autonomisation d'une partie des catégories les plus favorisées, qui se sentent de moins en moins liées par un destin commun au reste de la collectivité nationale [et même locale, pourrait-on ici ajouter, sans nuire aux propos de Jérôme Fourquet], au point que certains de leurs membres ont fait sécession ou ont procédé à un spin-off[2], pour le dire avec les mots des milieux d'affaires[3]. »

En réalité, toutes ces nouvelles fortunes ne se sentent chez elles qu'en transit. Tous les étrangers qui se sont récemment installés à Marnes ne séjournent dans leur maison du Parc que quelques jours ou quelques semaines par an. À la question : Où habitez-vous ?, ils pourraient facilement répondre : Air France siège 1A. Et un peu comme en première classe de l'avion, vous pouvez être assis à côté des bonnes comme des moins bonnes fortunes du monde entier.

Les propos qui suivent ne sont pas les miens, mais ceux d'un jeune – et très riche – propriétaire qui vit depuis dix ans dans ce lieu fermé : « C'est évidemment aussi de l'argent sale qui

---

2. Création d'une entreprise indépendante par scission d'avec la société mère.

3. Jérôme Fourquet, *L'Archipel français*, Paris, Seuil, 2019, p. 93.

est venu s'installer à Marnes. C'est ce qui se passe en haut de la pyramide de l'argent : vous avez l'économie de l'ombre et l'économie de la lumière, les deux se retrouvent, et tout le monde s'en fiche. C'est la même vie que dans un palace finalement : vous avez de tout dans la clientèle, y compris des types pas clairs, pour lesquels il ne faut pas regarder d'où vient leur argent. Le Parc, c'est pareil. Sur un petit espace, se retrouvent la bonne comme la mauvaise richesse. L'Africain, par exemple, m'avait raconté s'occuper de passeports biométriques… il était recherché par Interpol et sa maison a été saisie. Il y avait aussi un Russe qui était là – qui a d'ailleurs racheté la maison de Jacques Séguéla – et ce gars-là, il se baladait, comme Tony dans la série *Les Soprano*, avec deux gardes du corps ! Son garçon allait à l'école avec mon fils, il venait en voiture blindée. Du jour au lendemain, on est venu les chercher et ils sont partis. J'avais appris que son frère était mort dans ses bras, tué par balle, après un tir de mitraillette. Le Chinois, lui, c'est pareil… ils sont toujours discrets les Chinois, mais c'est aussi la Chine mafieuse. Avec tous ces gens-là, c'est un autre monde. »

Voilà donc un petit territoire, le Parc de Marnes, qui s'est internationalisé en même temps que notre économie s'est mondialisée. Car Marnes-la-Coquette a eu beau se draper dans son histoire si française, entre Napoléon III et Pasteur, et se protéger derrière ses frontières de verdure, la porte Blanche, qui ouvre, souvenez-vous, la voie vers le village depuis le domaine de Saint-Cloud (et donc depuis Paris), n'était vraiment pas assez dissuasive pour stopper les évolutions et les influences du vaste monde.

Certains Marnois, en réalité, ont même insisté pour laisser cette porte grande ouverte quand ces évolutions sont arrivées ! La scène m'est racontée par ce même sénateur des Hauts-de-Seine, qui en sourit encore, près de vingt ans plus tard. Pour bien comprendre ce que ce sénateur me relate, il faut savoir que lorsqu'on franchit cette porte Blanche en direction de Paris, on doit s'acquitter d'un « péage » de quelques euros pour pouvoir poursuivre sa route en voiture. C'est par ce *droit d'entrée* que le domaine de Saint-Cloud se finance, en plus des subventions publiques qu'il reçoit. Non seulement cet argent ainsi récolté contribue à l'entretien de tous les espaces verts, mais il permet aussi de limiter le nombre de voitures et donc de ne pas transformer le domaine en autoroute secondaire vers la capitale. Une fois ce décor et, très concrètement, ce péage posés entre

Marnes-la-Coquette et le parc de Saint-Cloud, voici ce que me raconte ce sénateur : « Il y a vingt ans, lors d'un comité de gestion du domaine de Saint-Cloud, la sous-préfète de l'époque a voulu augmenter le montant du péage d'entrée. Le maire de Marnes s'y oppose, en nous disant : "Mais vous n'y pensez pas ! Songez à l'image de la France qui est en jeu ! Regardez toutes les personnes des ambassades qui vivent dans ma commune, le prince d'Arabie saoudite, les Russes, les Chinois : vis-à-vis d'eux, on ne peut pas !" » Et mon sénateur, poursuivant l'anecdote dans un grand éclat de rire : « Tout le monde regardait le maire de Marnes, en se disant que si les mecs d'Arabie saoudite n'étaient pas capables de payer… ! »

En effet, qu'il s'agisse de l'Arabie saoudite, du Qatar, de la Chine ou encore de la Russie, l'argent ne manque pas, il coule même à flots chez ces nouveaux propriétaires. Avec eux, les maisons du Parc privé de Marnes deviennent de plus en plus luxueuses, augmentant encore leur prix sur le marché de l'immobilier.

Aujourd'hui, sur la trentaine de maisons que compte cette immense enclave privée marnoise, une vingtaine appartient à des étrangers. Soit la grande majorité. Et ces maisons sont pour la plupart vides… eh oui, je l'ai mentionné, on les achète, mais on ne les habite pas, ou très peu. Avec un ton amusé, un des derniers propriétaires français me raconte que, plusieurs semaines dans l'année, notamment l'été, il est littéralement tout seul dans cet immense domaine : « Je peux me prendre pour le gardien des lieux ! C'est amusant ! Et très triste à la fois. » Pour lui, l'époque d'un Parc animé est loin, lorsque les familles vivaient toutes là et que les enfants couraient, dès les vacances venues, dans ses allées, rendant le quartier très joyeux. Il m'évoque aussi cette « grande époque du tennis » avec une dizaine de terrains dans le domaine : « On tournait d'une maison à l'autre, en tournoi. Et on finissait les parties autour d'un barbecue ou d'une petite réception bon enfant dans l'une ou l'autre des maisons. »

Avec l'arrivée de ces étrangers et de ces maisons vides, le Parc de Marnes est finalement devenu un endroit éteint, où il ne se passe plus grand-chose… un quartier-dortoir pour des propriétaires très fortunés qui ont des intérêts de copropriété en commun, mais qui ne se connaissent plus. Sans doute peut-on y voir la version française de ce que les Américains appellent les *gated communities*, ces espaces résidentiels fermés, placés sous l'autorité des puissantes *homeowners associations*. Mais à y regarder de près, utiliser ce terme anglo-saxon de « *community* » relèverait presque du contresens : sans lien, sans chaleur, sans relation entre voisins, existe-t-il en effet une « communauté » ? Je ne le crois pas. L'argent est en fait devenu l'unique point commun qui relie aujourd'hui les habitants de ce Parc. Et dans la mesure où cet argent découle directement d'une mondialisation de l'économie qui a rendu les catégories sociales très favorisées beaucoup plus diverses qu'elles ne l'étaient par le passé – par leurs origines géographiques et culturelles –, il devient difficile de créer du lien entre elles. Les riches ont bien fait sécession pour vivre « entre eux », comme l'analyse Jérôme Fourquet, mais cet entre-soi ne forme plus une « communauté », au sens presque affectif du terme.

Et cette absence de lien peut aussi permettre de mieux comprendre ce besoin de sécurité exprimé par notre riche entrepreneur lorsqu'il évoque la fermeture du Parc. Après tout, autrefois, toutes les maisons étaient occupées, les voisins se parlaient et connaissaient les habitudes de vie des uns et des autres, le Parc était ouvert sur le village... Il existait donc très probablement ce que certains sociologues appellent les « yeux de la rue » : chacun, par sa présence, par ses activités, par ses relations de voisinage, participait à une surveillance collective. Nul besoin de recourir à des caméras ou à du personnel spécialisé pour contrôler les choses. Mais aujourd'hui, la norme s'est inversée : on ne se mêle plus des affaires des autres, le voisin n'est plus un ami puisqu'il vient souvent de l'étranger et ne fait que passer ici quelques semaines par an. Quant à ceux qui restent à l'année, ils ne communiquent plus beaucoup entre eux et ne souhaitent en tous les cas pas s'impliquer dans le « contrôle » de ce qui se passe dans le Parc. Ils préfèrent déléguer cette tâche à des prestataires.

Voilà comment tout a changé à Marnes. Un autre monde y a vu le jour. Et la Chine et le Qatar, il faut bien le dire, y occupent une place de choix.

Un jeune homme de 27 ans, Édouard[4], qui a grandi dans le Parc, me raconte cette anecdote et au passage sa situation d'enfant très privilégié : « Je faisais du quad dans mon jardin. J'allais me baigner dans ma piscine et faisais un hammam chez moi le dimanche soir. C'était un peu surréaliste, j'en conviens... » Dans cette vie très

4. Certains noms ont été changés.

protégée, Édouard a grandi auprès d'un père, chirurgien esthétique, qui lui a toujours dit qu'il allait devoir « travailler dur, bosser, se bouger le cul… au risque, prévenait-il, de tout laisser aux Chinois ! ».

De fait, entre 10 et 15 ans, quand son père l'emmenait à l'école, un rituel s'était mis en place : le père d'Édouard lui montrait souvent sur le chemin la même belle maison, en lui disant : « Tu vois, tu y travailleras plus tard comme jardinier parce que cette maison appartiendra, un jour, à un Chinois ! » Un avertissement qui sonnait comme une prémonition. Les Chinois sont bien arrivés à Marnes-la-Coquette et ils ont acheté la fameuse maison. L'histoire est véridique ! Mais, respirons un peu, la route de la soie n'a pas tout emporté sur son passage… Édouard n'est pas encore leur jardinier ! Malgré tout, sur les conseils de son père, il continue de travailler dur… sait-on jamais.

Quant au Qatar, il est aussi bien arrivé à Marnes ! Son installation dans le Parc marque un goût certain pour la démesure, avec la construction d'un mastodonte de béton de 5 800 mètres carrés ! Une maison qui appartient au frère de l'émir du Qatar, c'est-à-dire à cette famille princière Al Thani qui domine le pays depuis cent cinquante ans. Cette bâtisse a été construite en 1998, au moment même où le Qatar investit en France, avec un appétit considérable d'investissements et d'acquisitions. Et le tableau de chasse de la petite monarchie sur notre territoire devient vite impressionnant : Doha est tout d'abord entrée au capital de plusieurs sociétés du CAC 40, avec l'acquisition de participations dans les prestigieux groupes français, tels que Lagardère, Veolia ou LVMH. Est ensuite venu le rachat, très médiatisé, du club de football Paris-Saint-Germain en 2011, par Cheikh Tamim Bin Hamad Al Thani, le nouvel Émir depuis 2013. Sans parler des acquisitions de plusieurs courses hippiques de renom, comme le Prix de l'Arc de Triomphe, ou encore de la chaîne télévisée BeIn Sports.

« Quand elle vient à Marnes, c'est comme dans les films, la famille Al Thani arrive avec toute sa cour et repart avec elle », me raconte un de leurs voisins. Personne n'a jamais pu pénétrer à l'intérieur de cette gigantesque et impressionnante maison, que l'on qualifie souvent de bunker, en raison de l'aspect colossal de la construction et de son impénétrabilité, tout auréolée de mystère.

Comme cette maison du Qatar se situe en bordure du Parc privé, elle n'est séparée de la route communale que par un mur. Celui-ci fut considérablement rehaussé au moment des travaux, pour arriver à une hauteur qui ne laisse, en effet, plus rien deviner de ce qui se passe derrière. La maire actuelle de Marnes-la-Coquette, qui n'était qu'adjointe à l'époque, et donc pas décisionnaire sur un sujet comme celui-ci, regrette d'ailleurs qu'une telle autorisation ait été donnée : « Qatar ou pas Qatar, il y a une loi, elle est applicable à tout le monde... Il est interdit sur l'ensemble de la commune de faire des murs aussi hauts, donc il n'y avait pas de raison. Je sais que si ça avait été moi, en tant que maire, j'aurais bloqué. Ce n'est pas parce que vous vous appelez Al Thani que vous avez plus de droits... » Ce discours rassure, évidemment. On retiendra, en circonstance atténuante, que les propriétaires qataris avaient accepté, pour adoucir les décisions municipales, de rétrocéder une partie de leur terrain à l'école de la commune pour lui permettre de s'agrandir... Les enfants sont toujours une très bonne source de négociation, il faut le reconnaître. Et un maire adjoint de l'époque me confie aussi que, dans le fond, « tout cela s'est fait au-dessus de la mairie, qui n'a pas vraiment eu le choix que de faire plaisir à la famille Al Thani. À l'époque, me dit cet élu, le Qatar nous achetait des avions de guerre... ». Comment voulez-vous, en effet, que quelques mètres de mur fassent le poids avec les milliards posés sur la table ? Marnes-la-Coquette face à Doha, convenez que le combat est inégal ! Mais penser que se rencontrent, sur un territoire grand comme un timbre-poste, enjeux géopolitiques et raison d'État, c'est plutôt cocasse. Il faut être à Marnes, justement, et ouvrir les portes de ces maisons hors normes, pour y trouver de telles histoires.

Un jour où je passais en voiture le long de ce fameux mur abusivement rehaussé, j'aperçus, un peu comme un mirage – je me demandai même si je ne rêvais pas –, deux paons perchés là-haut, avec leur plumage de queue déroulé comme un éventail. J'avoue, n'étant pas adepte des sorties au zoo, que je n'avais encore jamais vu de paon en vrai. La beauté de cet animal me frappa évidemment, mais ce qui la rendit aussi exceptionnelle, c'était de pouvoir la contempler là, à Marnes. Les paons ont disparu depuis... ils étaient, m'a-t-on dit, trop bruyants pour les voisins du Parc (ceux qui vivent là, du moins, plus de quatre jours par an). Lorsqu'un paon braille, son cri (surnommé « léon » par la sonorité qu'il produit) peut s'entendre à plus d'un kilomètre à la ronde ! Et le règlement du Parc, vous l'aurez deviné, est très strict sur les nuisances sonores...

Je pourrais aisément poursuivre cette présentation des Qataris à Marnes par tous les on-dit qui m'ont été rapportés, l'inaccessibilité de cette maison laissant plus de place, dans le village, à la rumeur qu'à des observations vérifiées. Et il faut dire que les commérages sont un des passe-temps favoris de la vie villageoise, ce qui déconcerte d'ailleurs l'habitant des grandes villes – que je fus – lorsqu'il arrive ici. C'est ainsi, par exemple, que l'on me parla, pour cette maison, de robinets en or, de deux piscines, une intérieure, une extérieure, de trois sous-sols où se regrouperait toute une intendance comparable à celle d'un grand hôtel. On me raconta aussi qu'un détournement de l'autoroute voisine (l'A13) aurait été souhaité par les Qataris au moment de leur installation pour leur permettre d'avoir une sortie directe qui les mènerait sans détours inutiles à leur maison ! Évidemment, les richissimes propriétaires auraient été prêts à financer les travaux nécessaires à ce nouveau dégagement autoroutier. Inutile de mentionner que si ce projet a réellement existé, il ne s'est jamais concrétisé...

Une rencontre m'a justement permis de sortir de ces distrayants bavardages autour de l'arrivée des Qataris à Marnes : un homme qui travaille pour la famille Al Thani depuis de très nombreuses années a en effet bien voulu répondre à mes questions. Il veut rester discret et n'a accepté de me parler qu'en raison du caractère parfaitement fortuit de notre échange, qui s'est fait à la station-service, à la sortie du village (libérant ainsi mon débiteur de toute obligation de confidence, puisque n'ayant formellement accepté aucun entretien pour cela), et « à la condition que [mes] questions ne dépassent pas un certain niveau de curiosité ».

« Vous savez, il y a beaucoup de légendes autour de cette maison... Je ne vous parlerai pas de la famille Al Thani, je n'en ai pas le droit, mais je peux vous dire que cette maison n'a, par exemple, contrairement à ce que l'on vous a raconté, aucun robinet en or, aucune piscine, ni intérieure ni extérieure, et pas le moindre court de tennis non plus ! »

C'est ainsi que j'apprends également, contrairement à ce que l'on dit aussi dans le village, que le prince qatari séjourne fréquemment dans sa maison. Il y a passé, par exemple, huit mois entiers en 2019. Mais les allées et venues des

Al Thani sont aujourd'hui beaucoup plus discrètes que par le passé. Pour une raison simple : les enfants du prince ont grandi et vivent maintenant de façon autonome à Londres. Ils n'accompagnent plus leur père à Marnes-la-Coquette, ce qui fait donc beaucoup moins de va-et-vient de personnel et de voitures qu'il y a quelques années : chaque enfant avait, à l'époque, sa propre nurse, son chauffeur et son agent de sécurité. Sans même parler des bagages qui accompagnaient tout ce petit monde. Aujourd'hui, le prince, âgé d'une soixantaine d'années, vient seul ou avec sa nouvelle compagne, ce qui passe évidemment beaucoup plus inaperçu.

Pourquoi a-t-il choisi, pour ses séjours en France, de s'installer à Marnes-la-Coquette ? Mon interlocuteur me raconte que la famille Al Thani, lorsqu'elle s'est agrandie, a dû quitter l'hôtel particulier de Paris où elle résidait jusque-là. Celui-ci était devenu trop petit pour accueillir tous les enfants, dont cet homme de confiance n'a d'ailleurs pas voulu me donner le chiffre exact. Mais il ne fait que me confirmer ce que toutes les grandes fortunes et personnalités connues, sans exception, m'ont confié quant à ce qu'elles étaient venues chercher à Marnes-la-Coquette : « M. Al Thani a choisi ce village pour sa discrétion et sa tranquillité. C'est une personne qui n'aime pas être vue. Être à l'écart et avoir de l'espace, voilà ce qu'il souhaitait. Le parc autour de la maison fait deux hectares, ce qui n'est pas rien. M. Al Thani a été très heureux de trouver ce terrain à vendre et de venir s'installer là. » D'autant qu'il aime le sport et la nature. La maison n'a certes pas de piscine, mais le prince aime jouer au foot, qu'il pratiquait surtout quand ses jeunes enfants étaient encore là. « C'était équipe contre équipe : le Qatar face à la sécurité ! »

Le prince aime aussi faire du vélo, très souvent, dans la forêt de Fausses-Reposes. Une forêt où il lui est arrivé de croiser Laeticia Hallyday qui courait, elle aussi avec son agent de sécurité. Se saluaient-ils, lors de ces rencontres dans les bois ? Pas vraiment. M. Al Thani ignorait absolument qui étaient les Hallyday. Ce sont ses gardiens et agents de sécurité, français, qui lui ont raconté ce que représentait Johnny pour ses compatriotes. Les fans du chanteur confondaient d'ailleurs souvent la maison du prince du Qatar avec celle de leur idole et tentaient d'apercevoir, en grimpant sur des échelles de fortune, ce qui se passait à l'intérieur. Leur méprise venait certainement du fait que la maison Al Thani est l'une des rares du Parc privé de Marnes à se trouver en bordure de celui-ci et à bénéficier d'une entrée très imposante et donnant directement sur la rue. Et dans la mesure où cette maison est réputée être la plus spectaculaire, et de loin, avec ses 5 800 mètres carrés, les badauds étaient assez naturellement amenés à penser que la plus grande star de la chanson française vivait là...

Tenter, en tous les cas, d'apercevoir la maison est presque vain, tant celle-ci est protégée. Par de hauts murs, tout d'abord, que j'ai mentionnés. Mais surtout par un arsenal de sécurité qu'aucune autre maison du Parc privé ne possède. Avec, en premier lieu, du personnel dédié, qui vit là à l'année, dans un vrai PC de sécurité, qui est bien évidemment renforcé dès que le prince séjourne dans sa maison. Et des équipements, alarmes et vidéos, des plus sophistiqués. « Nous n'avons pas besoin, pour protéger la maison, des agents et des rondes de surveillance qui ont été mises en place dans le Parc. Ils sont venus nous voir, bien évidemment, au début, mais on n'a pas besoin d'eux. Notre maison ne craint rien ! Contrairement aux autres, nous n'avons jamais été cambriolés. En fait, personne n'a osé venir chez nous ! C'est de toute façon impossible d'y entrer. Ou alors il faudrait rentrer avec une grande violence, mais ils trouveraient des gens encore plus violents en face ! » À bon entendeur...

Les Al Thani ne fréquentent personne au sein du Parc de Marnes. À une exception près : Alain Prost, quand il habitait encore là. Pour une raison évidente : le prince est un passionné de circuits et de rallyes. Il collectionne les voitures anciennes, des années 1970 et 1980, et participe lui-même, à travers toute l'Europe, à des courses. Il n'a donc pas manqué de se rendre chez son voisin coureur automobile dès qu'il a su qu'il n'avait qu'à traverser son jardin pour le faire.

Autre habitude, M. Al Thani aime marcher, le soir, après le dîner, dans Versailles, la grande ville d'à côté, et même y faire son marché le dimanche matin. Ce lieu empreint d'histoire et de royauté française lui plaît, lui qui apprécie beaucoup notre culture. Tout cela se fait très discrètement. Tout comme le fait d'aller dîner, certains soirs, à l'unique restaurant du village. Personne ne sait qui il est. Et c'est ce qu'il souhaite, ne pas être connu ou reconnu. Il parle d'ailleurs un français parfait.

Une question me taraudait : qu'y avait-il, dans le Parc, en lieu et place de ce palais qatari qui ne fut donc construit que dans les années 1990 ? La réponse suffit à elle seule à démontrer ce que notre pays – et, avec lui, un village comme Marnes-la-Coquette – a laissé derrière lui avec l'arrivée d'une économie mondialisée et des étrangers, qui l'ont naturellement suivie, sur notre territoire... L'ancien propriétaire des lieux (ou plutôt d'une partie de ceux-là, puisque les deux hectares qui entourent la maison qatarie sont en réalité l'addition de plusieurs terrains) était un homme de lettres, essayiste, académicien, pétri d'une vaste culture classique. Son nom n'est pas très connu des jeunes générations, puisqu'il s'agit de Thierry Maulnier. Il fut notamment le codirecteur, à partir de 1936, de la revue *Combat* et il fonda aussi, avec François Mauriac, la revue *La Table ronde*. Nous lui devons de nombreux essais et pièces de théâtre. Thierry Maulnier avait d'ailleurs épousé une comédienne et professeure de théâtre, Marcelle Tassencourt, qui dirigea pendant de longues années le théâtre Montansier de Versailles. Leur maison est devenue celle des domestiques du prince qatari, et elle fut d'ailleurs agrandie pour cela ! Et la famille royale se fit donc construire, à côté, grâce à l'achat d'un autre terrain (celui de l'ancienne maison d'Eisenhower !), plus de 5 000 mètres carrés de luxe et de confort. Le symbole est là : la modeste et humble culture française a laissé sa place aux domestiques de l'immense et voyante fortune qatarie.

Une fortune à laquelle la France accorde des avantages fiscaux exceptionnels : les résidents du Qatar sont notamment exonérés de l'impôt sur le revenu sur les produits qu'ils tirent de la location de leurs biens dans notre pays ; ils sont également exonérés d'impôt sur les plus-values immobilières et les gains en capital réalisés sur notre territoire. Ces avantages, qui font de la France un paradis fiscal pour le Qatar, n'ont été remis en cause par aucun président de la République depuis leur mise en place en 1990. Valent-ils tous les investissements réalisés en France par les Qataris et notamment la famille royale Al Thani ? Avec de telles mesures, l'État français passe en tous les cas à côté de 150 à 200 millions d'euros de recettes fiscales chaque année. Le candidat Emmanuel Macron, ancien locataire de Bercy, avait fait de la fin de ces accords entre la France et le Qatar une promesse de campagne... Osera-t-il vraiment, avant la fin de son mandat, s'attaquer à ce sujet au risque de se mettre à dos l'émirat et ses pétrodollars ? La question parle malheureusement presque d'elle-même.

Un vieux monsieur me confie : « Vous venez à Marnes à une époque où tout a changé, chère mademoiselle. Moi, quand je suis arrivé ici, dans ce Parc, il y a cinquante ans, je savais que j'étais dans un paradis terrestre. Aujourd'hui, je me dis que je devrais le trouver ailleurs, ce paradis. »

À vous entendre, cher monsieur, je me demande si ce ne sont pas là les premiers signes d'une nostalgie que l'on appelle aussi la « maladie du retour », au sens étymologique du terme. S'apercevoir que l'on a connu, que l'on a appartenu, même, à un ancien monde qui s'en va. Voilà qui fait mal, parfois. Je le comprends bien, soyez-en certain.

Chapitre 3

Le charme discret de la bourgeoisie

Quel étrange paradoxe… Marnes-la-Coquette a accueilli de nouveaux habitants au moment où la société s'est ouverte et mondialisée, mais leur arrivée coïncide avec une fermeture à double tour du Parc qui les abrite ! Mettre les autres à distance, rester chez soi, quand ce n'est pas entre soi… voilà une attitude que les étrangers adoptent sans beaucoup de scrupules. Qu'en est-il des quelques Français qui demeurent encore dans le Parc ? Ont-ils fait front, même s'ils sont devenus minoritaires, pour empêcher leur modeste territoire de se fermer ? Je n'en suis pas certaine. Eux aussi ont eu envie de profiter des avantages de leur fortune en toute tranquillité. Et quoi de mieux pour cela que de rester cachés dans leur Parc privé ? « Une bourgeoisie asociale », quelque peu « narcissique », qui « vit désormais dans le déni de la réalité des classes populaires », voilà un langage intéressant utilisé par le géographe Christophe Guilluy dans son ouvrage *No Society. La fin de la classe moyenne occidentale*. Une bourgeoisie qui est, selon lui, soit traditionnelle soit progressiste. Une dichotomie qui trouve son incarnation parfaite dans le Parc de Marnes.

D'un côté, Paul : un très riche et élégant avocat, taille haute et cheveux bruns, assez vieille France, malgré sa jeune quarantaine, ancré dans des traditions sociales et familiales que l'on se transmet de génération en génération, en même temps qu'un solide héritage patrimonial. Et de l'autre côté, Charles : un *successful* entrepreneur de la tech, au look de surfeur californien, cheveux longs et blonds, élevé dans un milieu modeste et devenu millionnaire il y a une quinzaine d'années, à l'âge de 30 ans à peine.

Je les ai rencontrés tous les deux et, en les entendant parler, je comprends que tradition et progressisme ou, pour reprendre cette nouvelle rhétorique née avec l'élection d'Emmanuel Macron, ancien et nouveau mondes s'affrontent bel et bien, sans concession. Entre Paul et Charles, en effet, tout diffère : leur rapport à l'argent, à la fiscalité, au temps qui passe et même à leurs propriétés, pourtant situées seulement à quelques mètres de distance l'une de l'autre…

Leurs opinions politiques seraient-elles leur seul dénominateur commun ? Christophe Guilluy le pense : pour lui, l'élection présidentielle française de 2017 a vu l'émergence d'un « front des bourgeoisies (traditionnelle et progressiste) inédit », plébiscitant le candidat du modèle dominant, Emmanuel Macron. Pour le géographe, ces deux bourgeoisies ont en effet abandonné sans hésiter, face à l'émergence du monde des périphéries populaires et la menace que celle-ci fait peser sur eux, leur posture identitaire et sociale pour rejoindre, dans un même élan, le candidat libéral.

Paul et Charles m'ont raconté une tout autre histoire lorsque le sujet « Emmanuel Macron » a été abordé : leur opposition quasi ontologique s'est exacerbée plus encore ! L'un a détesté le candidat Macron, l'autre l'a soutenu sans réserve. Un débat sur lequel je reviendrai, car derrière cette étiquette du « président des riches » qui a collé à la peau d'Emmanuel Macron au début de son quinquennat, il y a en réalité un petit cénacle de « riches », en France, qui n'a pas aimé du tout le voir arriver à la présidence de la République. Et pour de bonnes raisons. En somme, lorsqu'on gratte le vernis bourgeois, qui est en fait celui de l'argent, anciennes et nouvelles fortunes se regardent en effet face à face sans beaucoup de complaisance (sociale et politique) l'une pour l'autre.

Paul, je l'ai mentionné, est avocat.

Il fait partie de ces pénalistes réputés au barreau de Paris. En remontant le fil sociologique de sa famille sur quelques générations, on s'aperçoit très vite qu'aucune branche de l'arbre généalogique n'est modeste. Ce sont de grandes familles, plutôt fortunées, même très fortunées, qui se sont associées au gré des mariages et des générations successives. Certaines branches nous amènent vers une ruralité paysanne prospère, tandis que d'autres nous conduisent vers des industriels parisiens, qui fabriquaient soit de la plomberie pour certains d'entre eux, soit des pianos. Et un grand-père qui épousa même une fille Caumartin… « Un nom que tout le monde connaît, me dira Paul, puisque ce sont les ancêtres des grands magasins. » Ce même grand-père qui possédait déjà, avant son mariage, presque tout un arrondissement de Paris (il était en effet propriétaire de cent cinquante immeubles au total !). Un héritage qui fut divisé entre trois enfants en 2007… « à une époque où l'on ne payait pas encore beaucoup d'impôts sur de telles successions », me sera-t-il également précisé.

Paul s'inscrit donc dans la lignée de ces grandes familles bourgeoises de Marnes, dont les plus connues sont sans doute les Schlumberger ou les Cassegrain, que j'ai déjà mentionnées. Toutes ont choisi ce charmant village, aux contreforts de Paris, pour y installer justement, selon l'expression si parfaitement bourgeoise, des « maisons de famille ». Ce patrimoine qu'on lègue à ses enfants, en même temps que les valeurs traditionnelles liées à l'argent.

« L'importance du capital représente un point d'ancrage fondamental pour nous », me raconte Paul, lorsque je le rencontre pour la première fois. « Posséder des maisons ou des immeubles, les louer et faire ainsi fructifier le patrimoine. Ne rien perdre, augmenter même ce que nous avons reçu en héritage. Par la bonne gestion, mais par le mariage aussi. Et transmettre à ses enfants ce capital. Passer le relais dans de bonnes conditions, c'est l'intense obligation. » L'achat de la maison de Marnes-la-Coquette s'est d'ailleurs fait dans cet esprit, pour ajouter une pierre à l'édifice familial : « Pour mes enfants, ce sera bien d'avoir cette maison. C'est un bel endroit. »

Mais ces valeurs familiales liées à l'argent ne doivent pas être ostentatoires. Ces familles s'enorgueillissent même d'une certaine « qualité morale » qui passe par une forme de retenue sur les signes extérieurs de richesse. Pour illustrer cela, Paul m'évoque son grand-père qui vivait, certes, dans un appartement de 250 mètres carrés à Paris avec du personnel de maison et qui possédait deux propriétés secondaires, dont l'une dans le sud de la France, au Rayol, mais qui roulait en BX, modeste Citroën 4 CV ! Pas de belles voitures donc, pas de yacht ou toute autre chose clinquante... rien qui ne fasse « nouveaux riches ». Paul s'en amuse d'ailleurs : « J'aime beaucoup cette phrase de Coluche : je préfère être un ancien pauvre qu'un nouveau riche ! Oui, les nouveaux riches ont toujours été mal perçus dans nos familles. Quand tu es un nouveau riche, tu arrives avec ta grosse cylindrée. Moi, on ne m'a pas appris à acheter une Porsche ! »

Est-ce que Paul ferait ici, sans vraiment le savoir, le portrait de Charles ? Cet autre quadragénaire qui traverse tous les jours le village de Marnes avec son gros 4X4 BMW.

La réaction de Paul sur ces nouveaux riches me fait penser à ce qu'écrivait Pierre Bourdieu, en 1989 : « Si les aristocrates n'aiment jamais les parvenus, ce n'est pas seulement par un de ces réflexes de défense qui est au principe de toute espèce de *numerus clausus*, c'est surtout que, par leur réussite trop rapide, par la manière, nécessairement brutale, dont ils l'ont obtenue et par la façon naïvement ostentatoire dont ils l'affirment ou l'affichent, ces tard-venus arrivistes rappellent la violence arbitraire qui est au principe de l'accumulation initiale[1]. »

Trente ans plus tard, il n'y aurait rien à changer à cette analyse, si ce n'est que, dans ce *numerus clausus* du pouvoir et de l'argent, l'aristocratie a cédé sa place à la bourgeoisie. Et c'est elle, aujourd'hui, à l'instar de Paul, qui souffre et s'accroche à ces « réflexes de défense » face à une nouvelle élite *arriviste* et *parvenue*, qui a émergé en quelques années à peine, notamment grâce à l'économie du Net qui, comme le disait Emmanuel Macron en 2015, depuis le *Consumer Electronics Show*, la grand-messe de la high-tech de Las Vegas, est « une économie de superstars », qui s'adresse à « des jeunes qui ont envie de devenir milliardaires ».

Charles est devenu une de ces superstars, en partant d'un milieu social beaucoup plus précaire que celui de Paul. La conquête de sa fortune donne d'ailleurs une pâte plus humaine

1. Pierre Bourdieu, *La Noblesse d'État. Grandes écoles et esprit de corps*, Minuit, « Le Sens commun », Paris, 1989, p. 454.

à son histoire. C'est l'aubaine des pauvres qui ont réussi, ils auront toujours de leur côté ceux qui ont de grandes espérances et pas d'atout, au départ, pour parvenir à les atteindre.

All is about luck ! me dira d'ailleurs Charles, assez modestement et en guise d'introduction à notre échange. La chance donc, voilà ce qui lui a permis de réussir. Ce n'est pas vraiment lui qui l'avait prédit ainsi, mais son professeur à Harvard, où il passe son MBA[2] en cassant sa tirelire pour financer ses deux années d'études hors de prix. Ce professeur s'appelait Bill, « la référence en entreprenariat ». Il avait averti ses étudiants : « Vous pourrez ne pas avoir peur de prendre des risques, avoir des idées géniales, du charisme, de la volonté... Tout cela ne sera que le minimum requis. Ce qui fera la différence, pour sortir du lot et réussir, ce sera la chance ! Sans elle, rien n'est possible. Ne l'oubliez jamais ! »

La chance de Charles, venue de nulle part, fut donc de réussir à s'associer il y a vingt ans, en rentrant de son MBA, à un ancien ministre connu, énarque, qui fut également président de l'une des plus grandes entreprises publiques

2. Maîtrise en administration des affaires.

françaises : « Il y a vingt ans, au moment où la bulle Internet arrivait, je me suis dit : il y a un truc de dingue qui se passe. Ça va révolutionner nos façons de vivre. Je n'avais pas d'argent personnel, j'ai donc compris qu'il fallait que je m'associe à quelqu'un de connu, qui serait nommé *chairman* de ma boîte et n'aurait rien de plus à faire. Présenté comme ça, la personne à laquelle je me suis adressé pour le poste a accepté ! Et j'avais raison : en France, on a tendance à moins vouloir comprendre ce qui se passe sur le fond qu'à accorder de l'importance à la forme : d'où tu viens, de quelle famille, quelles études tu as faites, avec qui tu t'associes... il faut donc jouer à domicile. Grâce au nom de mon *chairman*, j'ai décroché des rendez-vous très importants et on a levé beaucoup d'argent. Plus de 3 millions. L'histoire a commencé ainsi. » Et elle s'est bien terminée, puisqu'en revendant sa première petite entreprise du Net, à 30 ans, Charles devient millionnaire. Tout peut d'ailleurs se résumer avec cette phrase : « À 30 ans, je n'avais tout simplement plus besoin d'argent. »

Du côté de Marnes, l'arrivée de Charles dans le fameux Parc privé mérite d'être mentionnée.

De retour des États-Unis, il vit modestement avec sa femme dans un studio de 18 mètres carrés dans le XVe arrondissement de Paris. Le choc est rude : pour lui, qui revient d'un magnifique campus américain, et pour elle, canadienne et amoureuse des grands espaces. Ils décident donc de partir très vite de Paris, pour aller vers plus de nature. Ce sera Ville-d'Avray, la commune voisine de Marnes-la-Coquette. Un agent immobilier leur fait visiter un appartement aux larges baies vitrées, dans une résidence arborée des années 1980. L'affaire est vite conclue. Avant de se séparer, pour amuser ses clients, l'agent immobilier leur demande s'ils connaissent le Parc de Marnes, la curiosité du coin, qui ne se situe qu'à une rue de là et où habitent, à l'époque, Alain Prost ou encore l'ambassadeur d'Autriche. Évidemment non, ils n'en ont jamais entendu parler ! Les voilà donc, tous les trois, marchant vers un portail qui, par une petite ouverture, permet de jeter un œil pour voir ce qui se passe derrière. « Nous étions, avec ma femme, comme les gens des favelas qui regardent les grandes maisons riches, ou comme les touristes à Saint-Tropez ou Hollywood qui espèrent, en restant devant l'entrée d'une maison ou d'un yacht sur le port, voir quelqu'un de connu, une star, en sortir. »

Quelques années plus tard, fortune faite, Charles et sa femme quitteront leur résidence de Ville-d'Avray pour s'installer dans une de ces magnifiques propriétés du Parc.

All is about luck, encore et toujours.

« Quand je suis arrivé dans le Parc, à Marnes, j'étais très complexé. Le lieu est impressionnant. Parmi tes voisins, tu as des aristocrates, de très grosses fortunes... Tu as même quelqu'un qui s'appelle Johnny Hallyday ! Tout ça te rappelle vite d'où tu viens, même si c'est surtout dans la tête que ça se passe. Pendant un an, j'avais presque le sentiment qu'on allait me dire un jour : ce n'est pas votre place ici ! *You don't belong here !* comme disent les Américains. Mais ils ont une autre expression, qui me plaît beaucoup : *Fake it until you make it !* Donc c'est exactement ce que j'ai fait : j'ai donné le change et, passé les six premiers mois, j'ai pu me dire, enfin, *you made it !* J'habite bien ici ! »

Charles et Paul ne se connaissent pas. Peut-être, me direz-vous, parce que l'un vit dans le Parc, et l'autre en dehors, dans l'une des plus belles maisons du bourg. En dépit de leur niveau de fortune comparable, ils n'ont donc pas de clôture commune...

Mais s'entendraient-ils bien, à supposer qu'ils se rencontrent un jour (ce qui est une hypothèse réaliste, au demeurant) ? Certains points communs seraient de nature à les réunir facilement : ce sont deux quadragénaires, donc de la même génération. Ils connaissent tous les deux le monde des affaires. Et puis les chefs d'entreprise ont toujours besoin d'avocats…

Mais à les entendre parler tous les deux de leur vie, je m'interroge néanmoins. Paul est un bourgeois, un vrai : je retrouve dans mes échanges avec lui tout le récit de ces moments d'entre-soi, où l'on se « rencontre » et se « reconnaît » entre grandes familles. C'est, par exemple, une propriété en Sologne, où sont encore organisées de grandes parties de chasse avec la famille Dassault notamment, qui est là en voisine. C'est aussi une inscription à l'Interallié, ce cercle très fermé situé à deux pas du Palais de l'Élysée et qui n'ouvre ses salons de réception (pour le déjeuner, par exemple) et ses activités (culturelles ou sportives) qu'à un nombre choisi de messieurs et de dames qui ont payé très cher une cotisation à l'année, mais qui n'ont surtout été admis là que par une procédure très stricte de cooptation. On ne vient donc jamais de nulle part à l'Interallié… on est né dans les bonnes familles ou on a évolué dans les bons milieux, puisqu'on doit se fondre, à travers toutes les activités du cercle, finalement assez mondaines, dans une sociabilité cultivée et soignée.

Charles, lui, semble avoir moins de temps à consacrer à ces *habitus* de sociabilité. Ce n'est pas sa culture, tout d'abord. Sa famille, modeste, était à mille lieues de fortune de posséder une propriété en Sologne et d'enfiler, le week-end, un Barbour et des guêtres pour aller chasser entre amis. Et à l'Interallié, il préfère aujourd'hui le Racing, un autre club qui lui ressemble plus, à vocation sportive. Il est situé dans le bois de Boulogne et appartient aujourd'hui au groupe Lagardère. Ce club rassemble des membres certes très aisés, mais peut-être moins « choisis » qu'à l'Interallié. Une hiérarchie subtile entre clubs. Et puis Charles voyage beaucoup. Son mode de vie est celui d'un entrepreneur de la tech, toujours entre deux voyages, entre deux avions. Ses amis, me dit-il, sont presque tous entrepreneurs, ils ont la même vie que lui. « Des vies hyperactives et des vies de grande solitude aussi, parce que patron, c'est un job très solitaire. » Un job, me dit-il encore, que l'on ne quitte pas à 18 heures. Cela n'a jamais existé pour Charles et ça n'existera jamais. Certains voisins de Marnes ont une vie différente, il le voit bien, avec, aime-t-il à citer, plus de lecture et plus de jardinage... des activités qui ne seront jamais les siennes. Alors pourquoi être venu s'installer à Marnes justement ? Et pas à Paris, au cœur des activités et du mouvement permanent de la capitale ? Charles s'en explique très bien et cela nous rassure presque sur le nécessaire équilibre d'une vie : « Je m'estime très chanceux. Je pars de rien. Tout ce que j'ai eu, je l'ai eu par le travail. Et je vais vous dire quelque chose de très simple : je ne me lasse pas de ma propriété ! Je ne dis pas cela dans une logique narcissique. Je dis cela par rapport à ce qu'elle m'apporte profondément. Ma richesse, c'est cette maison. Il y a une énergie particulière dans ce Parc de Marnes. Quelques fois, je suis là, sur ma terrasse, et j'ai l'impression d'être à 200 km de Paris. Pas un bruit. Les jardins sont grands. On est en immersion dans cette verdure. Seuls au monde. J'ai des oiseaux qui viennent sur ma fenêtre, tous les jours. J'ai des perroquets qui sont venus une année, pendant un mois ! Pour moi, le Parc de Marnes, c'est ma respiration, mon oxygène. C'est aussi un écrin dans l'écrin, c'est-à-dire dans ce village qui est déjà extraordinaire. Marnes, c'est un décor de cinéma. On imagine facilement le travelling… Les Américains pourraient venir tourner des films ici : l'église, la mairie, la poste, la guinguette, le square Pasteur, le presbytère. Et le parc de Saint-Cloud, juste là, à côté, est fabuleux. On y voit des biches. On y découvre des points de vue magnifiques sur Paris. Des cars de touristes pourraient être déposés là. Pour ça, je payerais cher ! Quand je vois des personnes prêtes à dépenser 1 000 € pour des sensations culinaires, je paierais le même prix pour ressentir ce que je ressens dans cette nature du parc de Saint Cloud ! »

J'ai évidemment beaucoup parlé d'argent avec Paul et Charles et me suis aperçue que leur approche grammaticale de la richesse n'était pas vraiment la même. Du côté de Paul, cette grammaire reste toujours feutrée, discrète. L'argent est là, mais on en parle peu finalement, sauf dans les moments qui le nécessitent. Paul me raconte cette anecdote surprenante : « J'ai finalement compris assez tard que ma famille était une famille aisée. Je l'ai su au décès de mon grand-père, j'avais un peu plus de 30 ans. Évidemment, je voyais bien qu'il y avait des maisons, des beaux appartements, des domestiques, mais le détail, l'importance de notre fortune, je ne le savais pas. On n'en avait jamais parlé devant moi. Quand il y avait des réunions de famille, où mon père faisait le point avec ses frères et sœurs, on demandait aux enfants de partir. Avec les conjoints d'ailleurs aussi, qui ne restaient pas dans les discussions. Ma mère quittait également la pièce et laissait son mari. »

Du côté de Charles, la grammaire est plus décomplexée, parce que la fortune n'est pas venue en héritage. Elle a été gagnée, ce qui fait nécessairement plus parler d'elle et parfois, d'ailleurs, de façon étonnante : « À 30 ans, me raconte Charles, je n'avais déjà plus besoin d'argent. Mais je vais vous dire une chose, je n'ai jamais été aussi malheureux ! Il faut faire tomber ses fantasmes dans la vie, c'est très important. Je rêvais d'aller à Harvard. C'était l'école que l'on voyait dans les films. Y aller a fait tomber le mythe ! Je rêvais de gagner de l'argent, mais quand j'ai vendu ma première société et touché mes premiers millions, j'ai eu une phase orgasmique qui n'a duré que six mois ! Cinq ans de travail pour six mois d'orgasme, c'est court ! Pendant ces six mois, je me promenais dans la rue en pensant : je suis riche ! J'allais à des cocktails et je me disais : les gens ne le savent pas, mais je suis riche ! Et croyez-moi, je ne suis pas une personne prétentieuse. Je vous raconte cela pour être honnête... Et puis, tout s'efface, tout s'en va, on oublie. C'est vrai que de ne pas avoir d'argent peut faire le malheur mais, au final, j'ai ressenti, avec tout cet argent, un vide profond en moi. Beaucoup de personnes sont mues par une envie de réussir. Le désir est moteur de l'être humain. Pour toutes les professions. Mais la plupart des gens courent après quelque chose qu'ils n'atteindront jamais. Ils ne sauront jamais ce que c'est que d'être une star dans leur domaine. Pour ceux qui y arrivent, passé les six mois d'orgasme, on tombe dans un vide, dans une sorte de dépression même. Moi, j'étais amorphe. J'ai même commencé à réfléchir à la mort. On réfléchit tous un jour à la mort. Moi, c'est arrivé très tôt, parce que, très tôt, je suis arrivé au pic. Et je me suis alors demandé "*what's next ?*". J'avais une famille, des enfants, évidemment... mais j'avais atteint ce après quoi je courais. Je ne voyais plus la suite. Et je connaissais aussi la maladie de la richesse. La première BMW que j'ai achetée, j'étais tout content. De ma vie, je n'avais jamais acheté de voiture neuve, je n'avais eu que des voitures d'occasion, des Clio, des Honda. J'ai eu la chance d'aller chez BMW, de commander une voiture grand modèle, avec toutes les options... et vous allez voir à quel point c'est stupide : eh bien, quand je l'ai achetée, la nuit, je me réveillais pour aller la voir au garage ! C'est vraiment idiot quand j'y pense, mais j'étais tellement fier et heureux. Cela a duré une semaine. Après, je ne me relevais plus la nuit évidemment. J'étais juste content de rouler dedans. Et puis, au bout de six mois, vous savez ce qui s'est passé ? j'ai changé de voiture ! J'en ai voulu une autre, avec le nouveau pare-chocs, plus comme ci, les roues plus comme ça. Et là, je me suis dit : arrête-toi tout de suite ! J'avais un ami comme ça, qui avait acquis un très bel hôtel particulier à Neuilly. Il en était très heureux. Il avait fait deux ans de travaux, il s'y est installé, et puis il a ouvert sa fenêtre et il est tombé sur la maison de Stéphane Courbit, le patron d'Endemol, une maison à plusieurs dizaines de millions d'euros et, ce jour-là, il s'est mis à ne plus aimer sa maison. Je me suis dit, ça, c'est une maladie. Et je ne veux pas de cette maladie. »

Paul, lui, avec son orthodoxie de la richesse presque victorienne, ne sera jamais atteint par ces mêmes symptômes, qui rendent les hommes insatiables et en rivalité de fortune. En revanche, un autre syndrome le guette : parlez d'impôt avec lui et vous verrez apparaître les premiers signes d'une irritation sévère ! Celle-ci se contenait encore à peu près sous la mandature de Nicolas Sarkozy, qui avait fait beaucoup de bien aux grosses fortunes notamment avec le bouclier fiscal : un contribuable ne pouvait pas payer plus de 75 % de ses revenus nets en ISF. Paul s'en amuse d'ailleurs : c'est la première fois, à cette époque, qu'il a eu un remboursement d'impôts, avec un chèque qui lui a été envoyé ! Il n'en revenait pas. Mais tout a changé depuis François Hollande. « La fiscalité te pénalise énormément. C'est même le carton plein ! » Quant à l'ère Macron, il y a de quoi être vert de rage – ce n'est pas mon expression, mais celle de Paul, qui a « pris très cher » avec la réforme[3] du président depuis que ce dernier a transformé l'impôt de solidarité sur la fortune (ISF) en impôt sur la fortune immobilière (IFI)...

3. Cette réforme a été adoptée en décembre 2017. L'impôt sur la fortune immobilière (IFI) est un impôt axé sur les seuls patrimoines immobiliers nets taxables de plus de 1,3 million d'euros. Le gouvernement a décidé d'en exclure les placements bancaires et financiers et les liquidités avec l'objectif de relancer l'investissement dans les entreprises françaises et de favoriser ainsi la création d'emplois.

Quant à la question de la transmission du patrimoine, c'est pareil : « Tu ne peux plus t'organiser, maintenant, par le jeu des donations. C'est fini tout ça. » Paul me raconte qu'un de ses amis a échappé de justesse à ça : « Ses parents, qui sont un peu plus âgés que les miens, se sont occupés de ces questions plus tôt, au moment du décès de leurs propres parents. Ils n'ont quasiment pas payé d'impôt sur leur héritage et ils ont fait des donations à leur fils à une époque où c'était encore possible. Cet ami héritier, jeune quadragénaire lui aussi, ne travaille plus aujourd'hui. Il n'en a plus besoin. Il est rentier. Il se contente de payer l'IFI sur son patrimoine, c'est tout. Moi, je risque de payer au décès de mes parents 40 à 50 % de droits de succession, c'est-à-dire que je devrai vendre l'essentiel de mon héritage car l'administration me donnera six mois pour payer ce que je lui dois. Six mois pour donner du cash. S'il faut sortir 10 ou 15 millions… comment je fais ? Eh bien, je vends. Pas le choix. »

Au moment où Paul me raconte tout cela, me vient une question : « Ce serait donc impossible pour vous d'être comme votre ami : rentier ? »

La réponse m'amène à des milliers de kilomètres des difficultés de vie de bien des Français :

« Non… encore que ! Si je vends aujourd'hui un ou deux immeubles, à plusieurs millions d'euros, je peux me faire des liquidités et vivre dessus. J'avais calculé un jour, lorsque j'étais encore célibataire, ce que cela faisait par an : imaginons que je vive même seulement avec 200 000 € par an, sans travailler… avec quarante ans à vivre, c'était jouable. Huit millions, voilà ce dont j'avais besoin ! À Paris, avec un patrimoine immobilier, on obtient vite les huit millions. Mais ce n'est pas mon état d'esprit non plus. La rente ne m'a jamais empêché de travailler. Dans la culture de ma famille, on ne se repose pas sur ses lauriers. D'abord parce qu'il faut faire fructifier son patrimoine. Même si aujourd'hui, par rapport à la génération de mon père, c'est devenu beaucoup plus compliqué. Dans les années 1980, 1990, on gagnait beaucoup d'argent dès qu'on avait du foncier. On payait peu d'impôts et on réinvestissait facilement. Aujourd'hui, on ne peut plus faire fructifier un patrimoine. On se débrouille déjà pour le garder intact ! »

Mais l'irritation de Paul n'est pas seulement due aux conséquences financières des récentes réformes fiscales… la source de sa colère vient même d'ailleurs.

« Vous savez ce qui m'énerve le plus dans tout ça ? Ce n'est pas tant l'argent qu'on me prend – même si on m'en prend beaucoup ! – que les notions de patrimoine et de tradition qui foutent le camp avec ce qu'a fait Macron à son arrivée à la présidence de la République. Comment s'est construit notre pays ?... Il s'est construit sur des propriétés familiales, sur des immeubles qui se transmettaient de génération en génération et qui étaient ainsi bien entretenus. Si le village de Marnes aujourd'hui est ce qu'il est, c'est parce que des familles comme les nôtres l'ont conservé intact. C'est parce qu'elles n'ont pas abandonné leur patrimoine. Le territoire n'est pas allé à vau-l'eau avec un promoteur qui a tout pété pour faire plus d'argent ! Ce sont des familles, des héritages, des traditions qui font la richesse et la conservation d'un territoire. À l'inverse des boursicoteurs, qui placent leur argent dans des actions, tout ce dont je vous parle est bien ancré, avec des racines. C'est profond. C'est dans le temps.

Et on est loin de l'esprit que Macron a fait planer sur ses deux premières années de présidence, avant que les Gilets jaunes ne lui explosent à la figure. Lui qui nous a vendu que tout ça ne servait plus à rien, que le liquide était le plus important et qu'il fallait que ça aille vite, que ça coule, que ça bouge, que ça change, change de main, que ça dégage, que ça passe à autre chose, et vite ! *Straight to the point !* Moi, cette société-là, celle de l'ultra-libéralisme boursicoteur, ne me convient pas. Je suis dans le temps, je suis dans la terre. Peut-être, mais c'est mon hypothèse, Macron a-t-il voulu fuir son milieu d'origine… car la province, c'est lent. La bourgeoisie, c'est lent. Et puis Macron me fait rire : il ne veut plus de rentiers, il l'a assez dit entre 2017 et 2019 ; il veut casser l'immobilier, car il pense qu'en rendant tout liquide, on va investir ! Mais ce n'est pas vrai : si je mets de l'argent dans une société, je le ferai dans une société de famille, pas dans une start-up ! »

En écoutant Paul, j'imaginais presque notre président de la République, dans une salle d'audience, en face de notre avocat déroulant sa plaidoirie, encaissant les coups… En attendant, je dégageai sur la droite en mentionnant le nom de François Fillon. Et bizarrement, rien ne me surprit :

« On est presque gêné de dire qu'on a voté Fillon à la présidentielle de 2017. Et je ne parle pas de l'affaire des costumes, en réalité. On est arrivé à un tel point que le conservatisme est devenu honteux. Fillon, en dehors même de son programme, incarnait, même physiquement, cette espèce de lenteur, de réflexion, cette absence de rupture avec la tradition, cette absence aussi d'agitation permanente… on évolue, mais on ne rompt pas, pour le meilleur comme pour le pire. C'était ça, pour moi, Fillon. Un personnage de Claude Chabrol, avec la Sarthe, le manoir… Une France éternelle en somme. »

Un candidat idéal, pour la prochaine présidentielle ?

« C'est celui qui renouerait avec un certain esprit français, qui représenterait un mélange de social et de conservatisme, une certaine rigueur… et un candidat qui n'est pas débraillé. Macron a une culture académique de la France, qui parfois ressort dans ses discours, avec de très belles références littéraires… mais il ne sait pas se tenir, il est là, sans cravate, à retrousser ses manches, il nous dit « salut, les enfants ». Et il ne recherche pas vraiment l'esprit français, puisqu'il veut justement le transformer. Peut-être que s'il s'était confronté à des élections de terrain, il l'aurait mieux senti. Certes, il y a eu l'élection présidentielle, mais on sait bien ce qu'était cette élection : un hold-up ! Son expérience de la France, il a commencé à se la faire avec la crise des Gilets jaunes à la fin de l'année 2018. On a l'impression d'ailleurs qu'il a découvert le pays à l'occasion de cette crise, qu'il est tombé des nues en voyant des gens qui travaillent et qui ne gagnent rien. Remarquez, c'est le seul point positif du mandat Macron : par son jeune âge, par son comportement, son incompréhension de l'esprit français, il a permis les Gilets jaunes ! On a eu des gens qui s'exprimaient de partout, que l'on n'aurait jamais écoutés avant et qui expliquaient pourquoi la limitation de vitesse à 80 km/h, c'est une connerie ! Pourquoi sans bagnole, on ne vit pas ! Pourquoi il faut mettre du diesel dans sa caisse… et tout cela me semble très positif ! On les connaît tous, les Gilets jaunes. Ce sont, par exemple, les gars qui travaillent sur notre propriété, en Sologne. C'est le gars, chez nous, qui est à la fois éboueur et garde-chasse – il me fait rire d'ailleurs, il dit toujours "je vais aux poubelles" ! »

Inutile, presque, de mentionner que notre entrepreneur, Charles, pense l'inverse de tout ce qui vient d'être dit. Il suffit de préciser qu'il fit partie des premiers donateurs de la campagne d'Emmanuel Macron, en 2017 ; que le gros de sa fortune est financière (et non pas immobilière), et qu'elle est donc largement favorisée par la récente création de l'IFI ; et enfin, qu'à travers le fait de réformer une entreprise, il comprend, à une autre échelle évidemment, ce que réformer la France veut dire : « Après avoir créé et revendu ma première entreprise, j'en ai acheté une autre, qui était à l'image du pays : elle perdait beaucoup d'argent, les syndicats étaient puissants. À mon arrivée, j'entendais : les patrons sont dégueulasses, les salariés sont des victimes, ça manque d'investissements, on est trop stressés… j'ai pu mesurer à quel point c'était difficile de réformer cette entreprise. Cela m'a pris une énergie incroyable. J'ai eu des grèves, des menaces, des intimidations, des recours au tribunal, alors même que je ne suis vraiment pas un patron hautain. Je ne me suis pas payé pendant trois ans, j'ai pris un temps considérable pour recevoir les syndicats, leur expliquer la situation, leur montrer les chiffres en toute transparence… Alors transposez tout ça à l'échelle de la France ! Quand je vois le travail que doit accomplir Macron avec les Gilets jaunes, le coronavirus qui nous est tombé dessus et qui a tout bouleversé, les réformes qu'il faut tenter de mener en parallèle… Vous savez, les Français, comme souvent les salariés dans une entreprise, ils ont conscience que le monde a changé : la tech, le bio, l'économie durable… mais dans les viscères, il y a une grande difficulté à accepter la réforme. Je suis admiratif des responsables politiques qui montent au front. En plus, en politique, en France, on ne gagne pas d'argent. Barack Obama devient riche après avoir quitté la Maison-Blanche : 50 millions de dollars l'attendent pour tout le reste de sa vie. À coups de conférences, de vidéos, d'interventions... il n'y a que le tee-shirt et le mug qu'il s'interdit. Si vous étiez à la place de Macron, avec la dette, le mille-feuille des couches sociales, l'Europe, les États-Unis, la Chine, les lobbys, le tout saupoudré de pandémie et d'islamisme radical, qu'est-ce que vous feriez ? Si vous avez la réponse, allez-y ! »

J'ai quand même eu envie de poser à Charles une dernière question, toute simple, pour savoir si, avec sa fortune qui s'élève à plusieurs dizaines de millions et en vivant ici, à Marnes, il ne se sentait pas, en toute objectivité sociale, déconnecté des réalités.

« Le métier d'entrepreneur souffre de beaucoup de clichés, dans le fond. Et je ne vais pas le cacher, j'ai fondé une société que j'ai vendue en 2005. Je l'ai rachetée en 2007, revendue en 2011. Chaque vente m'a apporté de l'argent, beaucoup d'argent. Mais j'ai démarré ma carrière d'entrepreneur au SMIC pendant quatre ans et j'ai créé 3 500 emplois en France ! Cela me fait mal au cœur que ce métier ne soit pas plus valorisé... parce que la vie d'entrepreneur est une vie de souffrance. On transforme cette souffrance en énergie, mais on sacrifie beaucoup. On est en permanence dans le dépassement de soi, on pousse les limites, y compris physiques. La douleur est inévitable. Je sais que c'est une provocation de dire cela, mais je le fais consciemment. Douleur par la charge de travail, par la responsabilité, par les prises de décision permanentes, rapides…

« Alors, oui, je pourrais vous dire, pour répondre plus précisément à votre question, que j'ai créé une fondation et que, tous les ans, je donne plus de 100 000 euros pour aider des familles défavorisées à partir en vacances. Je rencontre ces familles une fois par an. Et la première fois que j'ai échangé avec des SDF, je me battais pour ne pas pleurer… Mais dans le fond, je serais déconnecté de quoi ? De la vie des SDF justement ? De la vie de mes salariés ? Dans mon entreprise, j'ai beaucoup de personnes qui gagnent le SMIC. Je vois leurs revendications, je les entends en comité d'entreprise. Je sais bien qu'ils vivent dans des conditions qui n'ont rien à voir avec les miennes. Mais un entrepreneur est au croisement de plusieurs mondes : je suis en connexion avec le monde capitalistique, les fonds d'investissement, qui sont *drivés* majoritairement par les États-Unis. Dans ces fonds, vous retrouvez aussi de l'argent de l'Arabie saoudite, des grandes familles françaises, des fonds de pension… Cela fait vingt ans que j'ai des financiers dans mon capital : ces gens-là n'ont jamais mis les pieds dans mon bureau, dans mon entreprise. Je vais toujours chez eux, dans les beaux quartiers, et l'on va déjeuner tous ensemble dans de grands restaurants. Et eux, ils voient la vie en tableau Excel ! Ils n'ont aucune empathie. Quand les chiffres disent qu'il faut faire un plan social, ils n'y mettent aucun sentiment. Un monde capitalistique dur. Ensuite, vous avez le monde managérial, avec des personnes diplômées qui veulent faire carrière, monter les échelons, gagner de l'argent, acheter une maison, une reconnaissance. Intelligents, ambitieux, ils souhaitent progresser. Après, vous avez le monde des employés… toute leur vie sera entre un SMIC et deux SMIC. C'est capé. C'est comme ça. Quelques-uns vont sortir du lot et devenir des stars dans leur domaine, comme chez les footballeurs, mais c'est rarissime. Quand on est entrepreneur, on comprend que l'on vit dans un monde contraint. La crise sanitaire avec l'arrivée de l'épidémie de coronavirus nous l'a d'ailleurs bien rappelé. Mon cœur d'entrepreneur pourrait me dire "je vais tripler le salaire des plus bas revenus". Le jour où je fais ça, je suis mort ! Parce que mes concurrents ne le font pas. C'est aussi simple que ça. En fait, j'en arrive à me dire la chose suivante : à défaut de pouvoir augmenter les conditions matérielles de mes employés, j'essaie d'améliorer leurs conditions de travail. C'est tout ce que je peux faire. Mais une fois que je vous ai dit tout cela et pour finir de répondre à votre question, il est évident que je n'ai pas le même niveau de connexion que si j'étais à Sarcelles… Quand mes syndicats, à qui je demandais, par exemple, il y a deux ans, pour la survie de l'entreprise, de supprimer le 14e mois de salaire, me répondaient que je les privais de leurs vacances d'été ou d'hiver avec leur famille, je leur répondais que si je mettais la clef sous la porte, c'est leur loyer qui ne pourrait être payé. Alors évidemment, c'est dur de dire cela, moi qui ne suis pas confronté aux mêmes conditions de vie… Mais mes employés peuvent voir la sueur, la transpiration que je verse depuis des années, et encore plus depuis cette crise de la Covid, pour essayer de sauver la boîte. C'est une souffrance. Même dans un cadre doré. »

En guise de conclusion à ce chapitre, je repose donc ma question : Paul et Charles s'entendraient-ils bien, à supposer qu'ils se rencontrent un jour dans les rues de Marnes ? Difficile, vous en conviendrez, d'être affirmatif... Le code postal de leur résidence principale et le montant de leur fortune semblent être leurs seuls points communs. À chacun sa France finalement : celle, pour Paul, qui s'inscrit encore dans le temps long, l'héritage et la tradition. Une France qui a ses racines et sa mémoire ; et celle, au contraire, pour Charles, qui doit aller vite et s'adapter en permanence aux évolutions du monde et à ses soubresauts. Une France agile et en mouvement.

S'ils semblent encore pouvoir s'affronter tous les deux à armes égales, d'un point de vue aussi philosophique que pécuniaire, ne faut-il pas quand même imaginer que l'un des deux devra, à un moment donné, plier le genou devant l'autre ? La vieille bourgeoisie française que représente Paul n'est-elle pas une classe menacée, à terme, de disparition, comme la noblesse le fut autrefois, au profit de ces nouvelles élites que représente Charles ?

J'ai posé la question au dernier vrai marquis qui habite le village, Alexandre de Rochemare. Car Marnes a été, je l'ai mentionné, par sa situation entre le château de Versailles et celui de Saint-Cloud, la résidence de nombreux aristocrates, entre le XVIIe et le XIXe siècles. La fille de Marie-Antoinette, la duchesse d'Angoulême, acheta par exemple le château de Villeneuve-l'Étang (à l'emplacement de l'actuel Institut Pasteur, l'ancien château ayant été détruit). Lors de son exil, après la révolution de 1830, elle et son mari prirent d'ailleurs le nom de comte et comtesse de Marnes, qui figure aujourd'hui sur leur sépulture en Yougoslavie.

Alexandre de Rochemare, lui aussi quadragénaire mais beaucoup moins riche que nos deux protagonistes Charles et Paul, est en quelque sorte l'un des derniers représentants de cette aristocratie marnoise. Une aristocratie expirante. Alexandre le reconnaît d'ailleurs lui-même : « Vous savez, mon arrière-grand-père était, pour moi, le dernier marquis de la famille. Il est né dans un château familial, que sa mère avait apporté en dot, lors de son mariage. Il a grandi sans aller à l'école, c'était un précepteur qui s'occupait de son éducation. Il fut rentier toute sa vie. Après lui, cette façon de vivre et de porter son titre, ancestrale, s'est effondrée. La noblesse a perdu son monopole foncier et financier, au profit de la bourgeoisie. Et lorsque vous perdez le pouvoir économique, vous devenez comme n'importe quelle personne qui doit subsister et assurer sa vie. Votre place dans la société disparaît. Et si les anciennes grandes familles françaises ont encore bénéficié d'une forme de reconnaissance dans la deuxième partie du XXe siècle, il y a eu un basculement social, sociétal, pour moi, dans les années 1980. Aujourd'hui, lorsque vous parlez de la noblesse aux gens, cela ne leur évoque plus rien. »

À cette lucidité s'en ajoute une autre, lorsque j'évoque avec Alexandre ces nouvelles fortunes, ces jeunes entrepreneurs de la tech qui ont tout raflé sur leur passage ces dernières années et qui sont devenus, à Marnes, parmi ses rares voisins français, les plus riches et les plus visibles : « La nouvelle aristocratie, ce sont eux, bien évidemment ! L'aristocratie, c'est le gouvernement des meilleurs, littéralement. Et aujourd'hui, les meilleurs, ce sont ceux qui ont réussi. Ceux qui mènent les affaires mènent le monde. Et donc ceux qui ont de l'argent aujourd'hui incarnent la nouvelle aristocratie. Il n'y a même plus de questions à se poser ! Nous ne sommes pas sur une espèce de lancée où l'on garde une place *ad vitam aeternam* sans rien faire. La leçon à retenir – et c'est d'ailleurs celle que je veux transmettre à mes enfants –, c'est l'adaptation à l'histoire. »

Si même un marquis le dit…

Chapitre 4

Johnny et Maryvonne

Maryvonne est l'enfant chérie de Marnes. Tout le monde la connaît et tout le monde l'aime. Il faut dire que Maryvonne habite le village depuis 1965. Plus d'un demi-siècle. Elle est arrivée de Bretagne, sa région natale, dans les bagages d'une famille auprès de qui elle est employée comme petite bonne. Maryvonne est toute jeune quand elle commence à travailler. Elle n'a pas eu vraiment le choix. Sa mère est morte d'un vilain cancer quand elle n'avait que 15 ans. Son père ne s'occupait pas beaucoup d'elle – il travaillait beaucoup et rentrait peu chez lui. Le souvenir de la Seconde Guerre mondiale et de ses années d'emprisonnement ne le quittait pas et il semblait préférer, sur son temps libre, la vie de bistrot à celle de sa famille. Non pas pour s'enivrer, juste pour oublier, ne pas avoir à penser, tout simplement, en jouant aux cartes ou aux dés. C'est la sœur aînée de Maryvonne, qui s'était déjà mise en ménage, qui décida donc de son avenir et l'envoya travailler sitôt leur mère décédée. Maryvonne connut une première famille, assez dure, auprès de qui elle vécut l'enfer comme domestique. Puis une deuxième, rencontrée grâce à une petite annonce dans *Ouest-France*, qui lui redonna la joie de vivre et lui fit quitter sa Bretagne natale pour Meudon-la-Forêt, en banlieue parisienne.

Meudon n'est qu'à quelques kilomètres de Marnes, où notre jeune provinciale arrive un dimanche d'été, pieds nus – ses chaussures la faisaient affreusement souffrir, elle avait donc décidé de les enlever et de les garder à la main. C'est le boucher de Meudon, auprès de qui elle faisait les courses de ses patrons, qui lui a parlé d'un restaurant à Marnes-la-Coquette, Les Hirondelles, qui recherchait du personnel. La place serait mieux payée que celle qu'elle occupait. Même si notre petite bonne est heureuse là où elle est, elle décide néanmoins d'aller se renseigner.

Sa découverte de Marnes est joyeuse : « Quand je suis arrivée, il y avait plein de monde aux Hirondelles, dehors, dedans, les gens parlaient, buvaient, jouaient aux cartes. C'était une animation comme je la connaissais en Bretagne, dans nos bistrots. Je sentais la vie ici ! Et j'ai eu envie de vivre cette vie-là. »

Maryvonne commence donc à travailler aux Hirondelles en 1965, comme serveuse. Nous sommes en plein boum du yé-yé et du rock and roll. À cette époque, le transistor du restaurant diffuse de temps en temps, en bruit de fond, un jeune chanteur, dont la voix profonde enflamme surtout les surprises-parties d'une jeune génération sur le point d'envoyer valser les codes de la France gaullienne. À des années-lumière de cette jeunesse insouciante qui fera Mai 68, Maryvonne travaille dur et commence à se faire une place dans ce village. Elle est évidemment loin de se douter qu'un jour elle fera la connaissance, ici même, aux Hirondelles, de Johnny Hallyday, l'idole des jeunes.

Créé en 1820, l'établissement des Hirondelles, situé dans le bourg du village, à quelques mètres de la mairie, est ancien. Les peintres Gustave Courbet et Jean-Baptiste Corot venaient y dîner et ont commencé à installer la réputation, oserais-je dire la légende, de l'endroit.

À la fin des années 1960, ce sont Louis et Marinette qui sont les heureux propriétaires de ce restaurant, qui fait aussi tabac, presse et pension de famille. Comme dans tous les cafés de village, on est sûr d'y manger copieusement, d'y retrouver des amis qu'on ira saluer et avec qui on pourra parler fort et rire sans ennuyer les voisins. Il y règne une belle agitation, dans laquelle on peut passer aisément de table en table. Marnes est, en effet, encore bien vivant à cette époque. On y trouve des commerces, une épicerie-fruiterie, une poissonnerie, de nombreuses buvettes, une ferme où venir chercher le lait fraîchement trait ou quelques œufs, une blanchisserie où confier le repassage délicat. Tous les corps de métier du bâtiment s'y trouvent : l'entreprise de maçonnerie Laborderie, le menuisier Lenglet, le plombier-couvreur Lux et la société de peinture Caribaux... Aujourd'hui, tout cela a disparu. Comme dans beaucoup de villages à travers le pays, la vie de Marnes, avec sa petite économie locale, s'est éteinte, au point de n'avoir même plus de boulangerie !

Mais, dans les années 1960, Les Hirondelles sont encore le reflet de cette vie enjouée du village et du Parc, celle des Trente Glorieuses, où tous les milieux sociaux et les métiers se croisent. Les artisans des petites maisons modestes (avec le temps et les reventes successives, elles le seront de moins en moins) sont attablés à côté des ingénieurs des belles demeures. Les postiers avec les célébrités. Car pendant vingt ans, jusqu'à la fin des années 1980 au moins, Les Hirondelles verront défiler de sacrés personnages, qui auront habité ou fréquenté assidûment Marnes : Jean Marais, qui habite, je l'ai mentionné, juste à côté, au 10 de la rue Schlumberger (Les Hirondelles sont au 18) ; Danielle Darrieux, qui habita elle aussi une maison voisine du restaurant et qui deviendra, avec le temps, amie de Maryvonne ; Roland Dumas[1], qui acheta à Marnes une petite maison à l'une de ses maîtresses, elle aussi avocate, un peu fragile et qu'il aura à cœur, presque comme un père, de protéger ; Marie-Louise Carven, la styliste qui fonda la maison de haute couture éponyme, viendra aussi déjeuner là, à la fin de sa vie, tous les dimanches. Elle y aura peut-être croisé Jean-Marie Rouart[2] qui venait, lui aussi, manger le gigot d'agneau dominical, dans les années 1985, 1990, en compagnie de jolies jeunes femmes. « Quel cavaleur, celui-là », se souvient Maryvonne qui savait à l'époque qu'il ne fallait pas trop déranger l'écrivain au cours du déjeuner, pour le laisser dans ses tête-à-tête

1. Ancien avocat, ministre des Affaires étrangères de François Mitterrand (de 1988 à 1993) et président du Conseil constitutionnel (de 1995 à 2000).
2. Écrivain et membre de l'Académie française.

amoureux. Et lorsqu'un voisin de table le faisait, parce qu'il reconnaissait l'écrivain, la réception était quelque peu fraîche.

Si Maryvonne n'a jamais quitté Marnes, c'est aussi parce que l'époque le permettait. Notre petite serveuse, arrivée là à l'âge de 17 ans, a réussi, à force de travail, à se faire une place non pas au soleil, mais dans le cercle privilégié de ceux qui comptent au village.

La modeste employée est d'abord devenue gérante du restaurant, à 29 ans, au moment où Louis et Marinette commençaient à être fatigués et voulaient passer la main. C'est à cette époque qu'elle décida de fermer les chambres d'hôte, toujours occupées à l'année par les mêmes personnes. Maryvonne ne voulait plus partager cet endroit qui était aussi devenu sa maison. Il faut dire que les locataires des Hirondelles étaient gentils, mais quelque peu poivrots tout de même. Le soir, après avoir mangé leur soupe, ils se levaient péniblement de la table, recouverte à l'époque d'une toile cirée, pour tenter de monter, vacillants, le visage rouge, l'escalier qui menait aux chambres. Une fois sur deux, Maryvonne devait les ramasser dans l'escalier car la soupe n'avait pas été le seul breuvage de la soirée, ni même de la journée en réalité... Avec la fermeture de la pension et des chambres, à la fin des années 1960, et le départ de ces soûlards presque tout droit sortis d'un livre d'Émile Zola, j'ai le sentiment que ce sont les dernières traces du XIXe siècle qui ont définitivement quitté Marnes.

Un an après le début de sa gérance, Maryvonne réussit à acheter le fonds de commerce, pour en devenir la vraie « patronne ». Et quelques années plus tard encore, elle acquiert, enfin, les murs de cette bâtisse pour en devenir l'unique propriétaire.

Le chemin n'a pas été aussi simple à parcourir que le laisse penser l'énoncé de ces étapes d'accession à la propriété. Toute sa vie, Maryvonne a beaucoup travaillé, quinze heures, dix-huit heures par jour parfois. Et puis, elle qui pensait avoir fait un bon mariage en épousant un client du restaurant, le fils d'une des familles d'artisans aisées de Marnes, propriétaire d'un immeuble entier dans le bourg, elle s'aperçut très vite qu'elle ne pourrait pas compter sur cet homme. Neuf ans de mariage, mais avec un époux qui n'a jamais travaillé, pas un seul jour. Peut-être pensait-il que l'argent ne s'épuise pas ? Mais quand celui-ci sert à payer des dettes qui s'accumulent, il fond très vite. Et comme aucun revenu ne rentre, c'est la dégringolade et, plus prosaïquement encore, la faillite. Maryvonne, qui avait arrêté de travailler au restaurant au moment de se marier et qui pensait élever, en mère au foyer heureuse, ses deux enfants arrivés très vite, se retrouve donc dans l'obligation de subvenir elle-même aux besoins de sa petite famille. Mais ce sera sans son mari, dont elle divorce. Celui qu'elle qualifie d'« enfant trop gâté » ne l'a jamais rendue vraiment heureuse, alors elle préfère continuer seule.

Cela aurait pu être très dur. Mais au contraire, la patronne des Hirondelles a cette phrase sur ces Trente Glorieuses qui ont suivi la guerre : « C'était l'époque où le travail payait ! » Alors, non, « rien n'était vraiment dur dans ces années-là, ou du moins impossible ; on pouvait emprunter de l'argent, les banques l'ont fait pour moi, alors que je n'avais pas de garantie à leur donner. C'était la belle époque. J'ai fait partie de cette génération à qui on ouvrait les portes. Et puis, on pouvait garder un personnel fidèle… Je n'aurais jamais rien pu faire sans mon cuisinier qui est resté trente-six ans à mes côtés ».

L'âge d'or de la France. Une France gaullienne, matricée par les promesses (tenues) de la progression au mérite, grâce à un travail facile à trouver (le chômage est alors quasiment inexistant, puisqu'il concerne moins de 500 000 personnes). À cette époque, la France est portée par la croissance la plus forte de son histoire, de l'ordre de 6 % par an. Le pouvoir d'achat d'un nombre certain de Français s'envole. Et, paradoxalement peut-être, les évènements de 1968 permettront d'étendre encore cette période dorée de l'après-guerre, qui fut donc, la patronne des Hirondelles a raison, une heureuse parenthèse, loin, très loin de la conjoncture actuelle.

Car Maryvonne est lucide sur ce que connaissent ses enfants et petits-enfants : « Ils n'ont pas pu faire la même chose. Non parce qu'ils n'en ont pas les capacités, mais parce que leur époque n'est pas la mienne. Aujourd'hui, on survit plus qu'on ne vit. »

Maryvonne doit elle-même faire plusieurs concessions à l'époque actuelle, dont la plus cruelle et définitive : fermer la porte des Hirondelles. Nous sommes le 30 décembre 2017. Ce sera le dernier dîner servi, à la veille du réveillon. L'âge est là, bien sûr, mais il n'explique pas à lui seul cette décision de baisser le rideau. Même à près de 70 ans, l'enfant chérie de Marnes est encore rayonnante et aurait bien continué quelques années encore, tant elle aimait son métier, son restaurant et sa clientèle. Mais voilà, on ne vit plus aujourd'hui comme hier. D'abord, on ne s'amuse plus des mêmes choses. Pendant longtemps, on a joué aux cartes et aux dés dans le café, donnant aux après-midi une saveur villageoise et amicale. C'est fini aujourd'hui et Maryvonne s'en désole encore. Les écrans en tout genre, télévision, ordinateur, smartphone, sont passés par là. Mais surtout, sont venues cette fichue réglementation administrative et toutes ces normes européennes. Les menaces d'amende pleuvent, tous les jours, par courrier ou coups de fil. « C'est un poison ! », auquel s'ajoute une autre galère : le personnel ! La patronne des Hirondelles n'y arrive plus : « Trouver des personnes fiables, qui n'ont pas peur de travailler dur... Là aussi, l'époque est aux 35 heures et souvent à l'effort raisonnable, quand ce n'est pas minimal, et dans la restauration, c'est compliqué de compter ainsi ses efforts. » Et enfin, surtout, le restaurant des Hirondelles a vieilli, il est resté dans son épure, celle d'un bistrot de village. L'endroit est simple. Toujours accueillant, certes, mais absolument pas dans la note « branchée » d'aujourd'hui. En plus, la terrasse du restaurant a été supprimée dans les années 1990 en raison d'un élargissement de la route pour faire passer les bus, dont la taille, au fil des années, n'a cessé de grossir. Il fallait bien accéder au bourg de Marnes et les Hirondelles étaient sur le chemin. Un chemin de plus en plus fréquenté par les voitures, qui passaient donc au ras des fenêtres du restaurant depuis la disparition de la terrasse. L'atmosphère a ainsi changé. Sans la terrasse, il ne restait plus que le rustique de la salle intérieure. Et puis, la concurrence, elle, s'est adaptée à l'époque et a eu aussi plus de chance : La Tête-Noire, l'autre restaurant de Marnes, est situé sur la place de la Mairie, soit à quelques dizaines de mètres des Hirondelles. À l'origine, et pendant plus d'un siècle, les deux établissements ne sont pas rivaux et s'entendent même très bien. L'un est un restaurant bourgeois (aux notes typiquement provinciales), l'autre un café-bistrot en plein cœur du village. Aujourd'hui, la répartition des rôles, et donc de la clientèle, n'est plus la même : La Tête-Noire a entrepris d'énormes travaux de rénovation avec les années 2000 pour devenir un restaurant branché, dans une note très parisienne. Et alors que la mairie de Marnes a supprimé la terrasse des Hirondelles, elle a accepté d'agrandir celle de La Tête-Noire, qui est ainsi devenue l'endroit *hype* du coin, où se pressent les *beautiful people* des environs, heureux finalement d'avoir à leur porte campagnarde la modernité d'un restaurant parisien. Et

Maryvonne a vu sa clientèle s'en aller en quelques mois à peine. Parfois sans même se retourner. Comme cette femme, plutôt fortunée, qui venait auparavant souvent aux Hirondelles avec son mari, et qui passe ce soir-là devant Maryvonne, postée à l'entrée de son restaurant, sans même un mot ou un regard. Maryvonne, justement, la suit du regard, cette femme… et la voit se diriger, avec ce pas lent des belles soirées d'été, vers ce qui est devenu son concurrent. Elle est accueillie, tout sourire, par des serveurs jeunes, aux allures branchées et crânes, qui ont l'impression d'être, sur cette place de Marnes, les rois – les serviteurs, en réalité – du monde.

Un des clients de Maryvonne ne l'a pas oubliée, en revanche. Ce n'est pas le client qu'elle voit le plus souvent, puisqu'il voyage beaucoup. Mais leur relation est profonde, elle en est certaine. Maryvonne n'est pas du genre à se raconter des histoires, elle a passé trop d'années à observer les gens, au milieu de son café, pour se tromper sur la nature humaine. Ce client s'appelle Johnny Hallyday.

Johnny et Maryvonne… Les sonorités de ces deux prénoms, qui évoquent des mondes si diamétralement opposés, s'accordent étrangement bien. Peut-être parce que Johnny l'Américain, depuis sa villa de Los Angeles, est resté fidèle aux vieilles provinces françaises, celles qu'il arpente avec ses chansons depuis l'âge de 18 ans. Et peut-être aussi parce que Johnny, la star, n'a jamais oublié qu'il tenait sa gloire des faubourgs, continuant de mêler sa vie à celle de tous ces anonymes, rencontrés ici ou là.

Maryvonne, au départ, n'était qu'une anonyme d'une petite province française. Une patronne de bistrot. La plus charmante, la plus douce, mais la plus transparente des patronnes de bistrot. Et puis ce fut un café, un jour, qui changea la donne. Il fut accompagné d'une cigarette et d'un cachet d'aspirine, car Johnny était mal fichu ce matin-là. Maryvonne avait sympathisé avec le décorateur de La Savannah, la maison que Johnny et Laeticia avaient décidé d'acheter à Marnes en 1999. Celui-ci lui avait dit : « Je te ramènerai le bonhomme, un jour. » Il a tenu parole. Ensuite, de temps en temps, après ce premier café, Johnny est revenu aux Hirondelles prendre un verre de vin à l'apéritif, ou déjeuner, et même dîner… Le trajet se faisait le plus souvent à pied depuis sa maison. Parfois seul, parfois accompagné. Johnny a aussi dîné plusieurs fois chez Maryvonne : pas au restaurant, mais chez elle, au premier étage de la maison, là où se trouvaient, avant, les chambres d'hôte. La patronne des Hirondelles a été invitée à son tour à La Savannah, notamment pour les 60 ans du chanteur. C'était un soir de grande fête dans cette maison incroyable, avec ses 900 mètres carrés et surtout son immense jardin de plus de 5 000 mètres carrés qui, en ce mois de juin, était le lieu idéal pour accueillir autant de monde. Elle y a vu Jean-Paul Belmondo, autre mythe, cette fois-ci du cinéma français. Et Maryvonne a également été invitée au baptême de Jade, qui a eu lieu en 2005 dans la petite église du village, autour de laquelle se pressaient des badauds espérant apercevoir leur idole avec sa famille.

Entendre Maryvonne parler de Johnny, c'est l'entendre parler d'un homme ordinaire. Les démons de la star, elle ne les a jamais vus. Les caprices, elle ne les a jamais subis. Elle se souvient même de ce jour où Johnny est venu déjeuner tard, aux Hirondelles, attendant Laeticia qui devait le rejoindre. Maryvonne est ennuyée, ses cuisiniers doivent partir, c'est l'heure. Et aucune exception n'a jamais été faite pour qui que ce soit sur les horaires du service. Johnny appelle Laeticia, lui demande de venir immédiatement : « On ne fait pas attendre les gens », lui dit-il sévèrement.

Maryvonne a aussi assisté malgré elle à quelques disputes de famille, notamment entre Laeticia et son père, André Boudou. Un jour, la grand-mère de Laeticia, alias Mamie Rock, est là avec son fils. Ils viennent déjeuner tous les deux. A priori, rien d'anormal. Sauf que l'atmosphère, à la table, est triste : « Nous venons là parce que Laeticia ne veut pas voir son père. Il n'a pas le droit d'entrer dans la maison… » Les relations n'étaient pas toujours faciles entre André Boudou et sa fille, qui se fâchait souvent contre lui. Mais dans quelle famille, à y regarder de près, n'y a-t-il aucune dispute ?

« Johnny était mon ami », et je ne pense pas que Maryvonne se glisse dans les habits d'une midinette à la sentimentalité un peu naïve lorsqu'elle me dit cela. Certes, cette femme a un trait de caractère que je commence à bien connaître avec les années et qui pourrait la faire ressembler à une dame un peu candide ou crédule : elle voit le bien partout, tout le temps. Le neuropsychiatre Boris Cyrulnik m'a d'ailleurs donné un jour le mot scientifique pour parler de ce type de personnalité (auquel il appartient lui-même, m'a-t-il confié) : les naraponiaques !

L'inverse des paranoïaques qui, eux, imaginent le pire à chaque rencontre.

Maryvonne a donc vu le meilleur dans sa rencontre avec Johnny. Et elle a eu raison. Car Johnny ne l'a pas trahie. Il lui a été fidèle jusqu'au bout, lui témoignant, peu de temps avant de mourir, comme une éternelle affection…

La scène se déroule en juillet 2017. Johnny est en pleine chimiothérapie. Contrairement à ce que la presse disait alors, il aimait sa maison de Marnes. « Ici, je dors… », avait-il confié un jour à son amie des Hirondelles, comme s'il était temps de rattraper ces si nombreuses nuits blanches de fêtes, d'alcool et parfois aussi de travail, enfermé avec ses musiciens dans des studios d'enregistrement, à faire et refaire encore la prise de son jusqu'à en être parfaitement satisfait.

Lors de cette soirée d'été, en juillet 2017, Johnny se laisse emmener par ses gardes du corps à La Tête-Noire. Mais le cœur n'y est pas. Pourtant, nos serveurs branchés ne comptent pas leurs efforts et leurs sourires pour satisfaire le chanteur. Rien n'y fait. Johnny ne se sent pas à sa place dans ce restaurant. Il a envie d'autre chose. « Je veux retrouver Maryvonne », voilà ce qu'il dit à ses gardes du corps tout au long de la soirée.

Il faut imaginer Johnny sortir de La Tête-Noire alors que la nuit vient de tomber. Il traverse la rue, marche vers les Hirondelles. Sa démarche est lente, sans doute en raison de la maladie, que personne ne devine encore vraiment, mais aussi à cause de l'humeur de cette soirée : il faut considérer, goûter, apprécier ce temps qui semble toujours, dans ce petit village, comme suspendu… Johnny le rocker, avec sa silhouette si reconnaissable et ce look un peu *destroy*, donne soudain à cette place du bourg si parfaite, presque de carton-pâte, un aspect plus trouble, mystérieux. Johnny ne remarque plus depuis longtemps les regards qui le dévisagent. De toute façon, en cet instant, il est seul, perdu dans ses pensées.

Johnny se sait malade. Peut-être veut-il retrouver Maryvonne et son humble restaurant, parce qu'il sait ce que ce type de maisons représente : elles sont solides, bâties dans la pierre, faites pour durer, de génération en génération. Les Hirondelles ne sont pas La Tête-Noire, rien à voir. Elles échapperont à l'offensive de la mode, du confortable, il le sait. L'ancrage de ce qui dure, ici comme dans la vie, c'est Maryvonne et personne d'autre.

Johnny entre aux Hirondelles, qui se sont déjà vidées des derniers clients.

« Je voulais te voir… Ça fait si longtemps, ma chère Maryvonne.

— Mon Dieu, mais quel cadeau tu me fais ! C'est bien toi… Mais depuis combien de temps je ne t'avais pas vu, mon Dieu. Viens, assieds-toi, raconte-moi… Tu m'as manqué, tu sais. »

Johnny est ému. Maryvonne aussi. Ils évoquent ensemble un prochain dîner, pas au restaurant, mais chez elle, là-haut, au premier étage, comme dans le passé, avant que le chanteur ne parte vivre aux États-Unis l'essentiel de l'année. Johnny le promet, il reviendra. Son amie veut le croire, n'a-t-il pas toujours tenu ses promesses ?

Mais la maladie les privera de ce dernier rendez-vous. Maryvonne ne reverra plus jamais dans son café celui qui y laissait un sillage si singulier. Elle a du mal aujourd'hui à admettre qu'il soit mort, un rôle qui était si peu fait pour lui, l'homme de fêtes, d'amis, de jolies femmes et de concerts grandioses…

Maryvonne regarde cette cérémonie d'hommage retransmise à la télévision, celle qui a eu lieu à la Madeleine, et elle a bien du mal à imaginer « son ami » dans ce cercueil sévère et étroit. Derrière le corbillard, les bikers, compagnons de toutes les routes, sont en larmes. Les admirateurs éplorés, premiers ou derniers de cordés, se sont rassemblés sur les Champs-Élysées. Les écrans géants postés tout le long de l'avenue démultiplient ce requiem pour une foule. « Il était dans vos vies. Pour que jamais ne s'éteigne l'esprit du rock and roll, je vous demande d'applaudir Monsieur Johnny Hallyday ! » À la fin de son discours prononcé sur les marches de l'église, face au cercueil blanc, le président de la République, Emmanuel Macron, transforme l'hommage populaire en union nationale, le temps d'une ovation partagée par les dignitaires de la République, réunis à l'intérieur de la Madeleine, et le public, massé dans la rue.

Hasard du calendrier, Johnny est mort le 5 décembre 2017 et Les Hirondelles ont fermé quelques jours plus tard, le 30 décembre. Les derniers clients que Maryvonne aura accueillis dans son restaurant auront été ces journalistes qui attendaient là la mort du chanteur. Ils étaient nombreux à soudain redonner vie, dans une étrange atmosphère, à son établissement. Mais voilà… les idoles s'en vont, et les maisons ferment. Le temps a emporté avec lui ce qui paraissait justement intemporel.

Chapitre 5

La condition des femmes riches

Histoire d'une femme libre[3] est sans doute le livre de Françoise Giroud qui m'a le plus touchée. C'est un récit autobiographique dont on pensait le manuscrit détruit et qui ne fut publié que plusieurs années après sa mort. Françoise Giroud l'écrivit à l'été 1960, juste après sa tentative de suicide. Elle venait d'être quittée par l'amour de sa vie, Jean-Jacques Servan-Schreiber, et « démissionnée » de *L'Express*, ce journal qu'ils avaient fondé ensemble. On y retrouve la voix et les combats d'une femme intelligente, courageuse, qui revient avec lucidité sur sa vie.

Voilà ce qu'elle écrit, après avoir raconté une scène de son enfance au cours de laquelle on lui fit très douloureusement sentir que sa famille n'avait pas d'argent :

3. Gallimard, 2012.

« En attendant de m'y faire reconnaître [dans cette classe sociale qui venait de l'humilier] pour avoir le droit de la mépriser, le dogme de ma religion enfantine s'est érigé : il ne faut jamais, jamais, faire confiance à ceux qui détiennent l'Argent[4] et son pouvoir.

Plus tard, j'ai su aussi que l'on ne pouvait se lier à eux sans devenir leur complice.

Entrer dans leur camp, rien de plus tentant lorsqu'on en a été chassé. Et rien de plus aisé pour une femme, si elle découvre assez tôt l'article de loi élémentaire et ses codicilles :

1) il n'est pas plus difficile de séduire l'Aga Khan que le plombier ;

2) les hommes fortunés, s'ils sont mariés, divorcent plus facilement que les autres, ils ont les moyens d'arranger les choses ;

3) il est sans exemple qu'une fille décidée à épouser un homme n'y parvienne pas, à condition qu'elle ne se soucie pas trop de savoir si lui en a envie...

J'ai failli, à deux reprises, entrer par le mariage dans le camp de l'Argent, le vrai, celui que l'on ne dépense pas avant ou en même temps qu'on le gagne. À deux reprises, j'ai tout cassé.

De là à prétendre que je suis restée dans l'autre camp...

---

4. Le mot est écrit avec une majuscule dans le texte de Françoise Giroud.

Il n'y a qu'une façon d'être solidaire des humbles, c'est d'en faire partie, de vivre leur vie et d'endurer leurs souffrances. Il n'y a pas de tiers ordre. »

Iris, un autre personnage féminin de Marnes, bien différent de Maryvonne, ne sera jamais solidaire des humbles, c'est une certitude. Contrairement à Françoise Giroud, elle est entrée par le mariage dans le camp de l'argent, pour ne plus jamais en sortir, même au moment de son divorce. Eh oui, Françoise Giroud a raison, là aussi, les hommes fortunés divorcent plus facilement que les autres, car ils ont les moyens d'arranger les choses... Et avec une fortune estimée à plus de 40 millions d'euros, l'ex-mari d'Iris, un chirurgien esthétique réputé qui vit dans le Parc de Marnes, pouvait se permettre de lui en céder quelques-uns au moment de leur séparation.

Il faut dire – et c'est Iris qui le dit ainsi –, « un lifting, c'est tout de suite plusieurs milliers d'euros, l'argent rentre donc vite. Et la chirurgie esthétique est une spécialité très à part : les chirurgiens font ce qu'ils veulent, il n'y a aucun encadrement des prix. Mon mari gagnait déjà, il y a quinze ans, plus de 100 000 € par mois. Et il n'y a *a priori* aucune raison que ses revenus s'effondrent un jour, au contraire. »

Iris incarne physiquement la femme de 58 ans que nous voudrions peut-être devenir ou être. Si l'on s'en tient à son apparence – les cheveux blonds, les yeux bleus en amande, les pommettes dessinées, la taille fine, la stature élégante – et à son premier métier, mannequin, on arrivera facilement à dessiner les contours d'une *trophy wife.* Ces femmes qui n'existent aux côtés de leur mari que par la valeur de ce qu'elles montrent ou donnent à voir. Il faut dire que la vie d'Iris est bien celle d'une jolie *fashion victim* (pour continuer à ne pas faire honneur à la langue française) : du temps de son mariage, elle m'en fait l'aveu, elle dépensait chaque mois près de 15 000 € en vêtements et autres accessoires de mode ! De quoi suivre les tendances, aimer le luxe et s'inoculer une fièvre acheteuse, à coups de rotation de vitrines, pour conjurer tous les petits tracas du quotidien… Pourtant, réduire Iris à ce rôle de présentoir de mode et de faire-valoir pour un époux serait injuste. Je me dois de parler aussi d'une femme sensible et fine, entièrement dévouée à ses enfants et à son mari, J.-P. Une *desperate housewife* française.

J.-P. offre donc à Iris une maison de rêve à Marnes, l'une des plus luxueuses de la commune, avec sa galerie extérieure, sa verrière, son escalier majestueux, ses 450 mètres carrés de surface, son parc de 5 000 mètres carrés et ses deux piscines : l'une extérieure, achetée avec la maison, l'autre intérieure, construite plus tard, avec son hammam. « Mon mari ne voulait rien se refuser, il voulait tout avoir sur place. Il trouvait qu'en hiver, c'était agréable de se baigner chez soi. »

Voilà donc « une vie où l'on ne compte pas, où l'on dépense sans savoir la valeur des choses. Où l'on n'a plus la notion du prix d'un meuble, d'un sac à main, d'une robe. Sans même parler d'une baguette. Plus rien n'a d'importance »... Et Iris le reconnaît : « Ça donne une existence où vous êtes complètement dézinguée par rapport à la réalité et par rapport à votre famille même, vous n'avez plus le sens de l'argent. »

« Beaucoup de choses étaient des évidences... me faire livrer des fleurs chaque semaine, avoir des employés de maison, envoyer mes enfants en vacances aux États-Unis comme je voulais. Pour l'éducation des enfants, cela a été un rêve, tu ne comptes pas, jamais... Si tes enfants ont besoin d'un prof de math, tu fais venir un prof de math à la maison. Si tes enfants veulent apprendre à jouer du piano, tu en achètes un et tu recrutes un prof particulier. Aucune activité sportive n'est mise de côté. Ni aucun voyage.

À chaque anniversaire, depuis que mes enfants ont eu 10 ans, je les ai emmenés à l'étranger. J'ai offert à mes deux fils une perspective de vie qui était sans limite ! Cette largesse des possibles, qui m'était donnée pour les élever, était un luxe immense, je le reconnais. »

Une vie parfaite ? Pas tant que cela non plus. Le divorce d'Iris n'est pas venu de nulle part : un époux volage, incapable d'être fidèle, depuis le premier jour de leur mariage… « L'argent n'est pas ce qui rend heureux, fondamentalement heureux je veux dire. J'aurais été plus épanouie dans ma vie de femme avec moins d'argent et un mari qui ne me trompe pas, qui ne me maltraite pas. »

Et puis, parce que le dosage du bonheur est un art délicat, Iris tient aussi à m'expliquer qu'elle s'est sentie toute sa vie et tout le temps dans une grande relation de dépendance vis-à-vis de l'argent de son mari. Et c'est pour cela, me dit-elle, qu'elle voulait que leur maison de Marnes soit superbement entretenue : « Comme je ne gagnais pas d'argent par moi-même, je voulais qu'il ait au moins en retour, avec tout ce qu'il mettait à ma disposition et qui était magnifique, une maison parfaitement tenue, à la hauteur de ce qu'il m'offrait. Et le challenge, avec cette immense maison, était rude ! Elle avait, derrière son luxe, son prix à payer. »

Notons une vraie consolation néanmoins, à laquelle toutes les femmes trompées et dévouées à leur mari n'ont pas droit : le divorce d'Iris, aussi douloureux fut-il, la mit à l'abri jusqu'à la fin de sa vie de tout problème d'argent, puisqu'il lui laissa la libre jouissance de plusieurs millions d'euros. « Un véritable hold-up », dira son ex-mari en évoquant ce divorce, mais qui permettra à Iris de vivre plus que confortablement entre un bel appartement du XVIe arrondissement de Paris, six mois de l'année, et un chalet en Suisse, les six autres mois.

C'est pourquoi Iris est irritante, parfois, lorsqu'elle s'effraie, avec sincérité, malgré ses millions, de n'être plus aussi riche qu'auparavant… c'est tout juste si la sensation de précarité ne la guette pas !

Mais je dois lui reconnaître une intelligence et une lucidité qui n'auraient rien à envier à celles de Françoise Giroud lorsqu'elle me parle de son mari qui travaillait beaucoup. Elle m'explique en effet que J.-P. partait à 7 h 30 tous les matins et rentrait à 22 heures le soir. Du lundi au samedi. Et que le dimanche, il visitait encore les patientes qu'il avait opérées la veille. Un rythme de travail qui lui rendait insupportable, d'après Iris, toute idée d'« assistanat » : pour J.-P., quelles que soient sa position sociale et ses capacités, physiques ou intellectuelles, « il faut se lever le matin et aller bosser ! ». Voilà d'ailleurs la façon dont il éleva ses deux fils, qu'il envoya en stage dans sa clinique dès leurs 15 ans comme brancardiers ! Une expérience, chaque été, qui les rendit sans doute moins déconnectés que d'autres adolescents tout aussi fortunés qu'eux. Et tous les matins, sans exception – cela en était même oppressant pour sa famille –, J.-P. ne leur disait pas qu'il allait travailler, mais qu'il partait au combat (une logique guerrière qu'on retrouve, souvenez-vous, dans son discours à son fils sur l'arrivée des Chinois[5]...).

Et voilà ce que me dit Iris (une phrase que Françoise Giroud n'aurait pas mieux formulée) : « Mais il y avait un aspect des choses sur lequel mon ex-mari était complètement décalé, c'est que lui, quand il se levait, il savait qu'il allait gagner 15 000 ou 20 000 € dans sa journée... C'est facile de se lever dans ces conditions, alors que d'autres se lèvent pour mille fois moins ! »

---

5. Voir p. 48.

Et il n'est pas utile d'aller bien loin pour trouver ces personnes... à Marnes aussi, chaque jour, quelques dizaines d'habitants se lèvent pour aller gagner péniblement mille fois moins que cela.

Ce n'est pas la maire de la commune qui me contredira. J'ai déjà parlé d'elle, sans jamais la présenter. Mme Barody-Weiss, personnage éminemment important à Marnes, est une femme de 70 ans, élégante, mince, d'apparence vestimentaire stricte, sans doute celle qu'elle présentait déjà lorsqu'elle était professeure d'économie et qu'elle dirigeait l'Université américaine de Paris. Elle s'est engagée au sein du conseil municipal de Marnes en tant qu'adjointe à l'âge de 47 ans, puis est devenue la première élue de la commune, il y a près de vingt ans, en 2001. Son abord est un peu froid. En parlant avec elle, on comprend très vite les qualités qui l'ont conduite à se faire élire : sa formation à HEC, tout d'abord (des études qui, pour l'époque, dénotent chez une jeune femme une vraie volonté d'émancipation), son sens de l'organisation, sa rigueur morale et budgétaire, sa grande curiosité tant pour les choses intellectuelles que pratiques, et son énergie. Aucune paresse, en effet, chez Mme Barody-Weiss, sans doute servie par une très bonne condition physique et ce qu'on devine être un équilibre de vie personnelle, qui l'ont certainement beaucoup aidée et protégée.

Lorsque Mme Barody-Weiss me reçoit, dans le cadre de l'écriture de ce livre, je lui en suis reconnaissante. Je sais en effet qu'elle a fermé sa porte aux journalistes, lassée des caricatures sur Marnes et de la déformation systématique de ses propos dans la presse. Elle se prête au jeu de mes questions de bonne grâce et avec un naturel agréable et avenant. Cet accueil, je dois l'avouer, m'oblige donc. Je me dois, en effet, de respecter scrupuleusement l'avertissement qui m'a été donné en début d'entretien et qui vise – légitimement – à nuancer cette image de « ville des riches » qui colle à la peau de Marnes : « On a six cent vingt foyers fiscaux, ce qui est très peu. Donc si vous avez des gens qui ont des revenus très élevés – ce qui est le cas ici et c'est très bien, on ne va pas le leur reprocher –, vous faites forcément monter la moyenne. Mais statistiquement, on n'est pas vraiment un échantillon représentatif. D'ailleurs, la Direction des impôts le reconnaît elle-même. Et puis, ces chiffres sont quand même déjà un peu anciens : on a un gros renouvellement de population depuis quelques années parce qu'on a fait pas mal de logements sociaux. Les revenus par habitant baissent maintenant.

C'est simplement un constat. Et quand on regarde les choses sans *a priori*, on s'aperçoit que l'on a toutes les caractéristiques des autres villes. On m'a dit, un jour, "ah bon, vous avez des chômeurs ?". Oui, on a des chômeurs ! On a des personnes qui vivent avec un minimum, des petites mamies qui n'ont même pas 800 € de retraite. La dame que vous avez vue, là, en bas, quand vous êtes arrivée dans la mairie, elle n'a pas 800 € par mois pour vivre. On ne voit que les personnes du Parc privé quand on parle de Marnes. Enfin, le Parc, ce n'est pas Marnes ! »

Mme Barody-Weiss a raison, évidemment. Ne serait-ce que parce que Marnes a en effet sur son territoire des logements sociaux qui représentent 21 % de la totalité du bâti sur la commune, avec une population logiquement moins favorisée qui les habite. Mais trois choses m'ont frappée dans ces habitations.

La première est l'habile façon avec laquelle la municipalité de Marnes a contourné, d'une certaine manière, la loi SRU et son obligation d'atteindre les 20 % de logements sociaux. Sur le papier, la petite commune a bien satisfait, au cours de ces dix dernières années, à cette obligation chiffrée, mais elle y est parvenue grâce à la construction non seulement de logements sociaux haut de gamme, mais également de logements réservés aux personnes âgées ou handicapées. Une population que le géographe Grégoire Fauconnier, auteur de *Loi SRU et mixité sociale : le vivre ensemble en échec ?*[1], qualifie de « hors-sol, souvent sans enfant, peu demandeuse d'infrastructures publiques ou sociales ». Bref, une population parmi les plus aisées et les plus « faciles » de toutes celles éligibles à un HLM. D'ailleurs, un riche propriétaire de Marnes en sourit : « Avez-vous vu une autre commune aussi petite que la nôtre avoir autant de logements ou de centres d'accueil dédiés aux personnes handicapées ? Nous battons tous les records ! »

Un deuxième constat est également frappant : la localisation d'une partie des logements sociaux construits à Marnes ces dernières années. Quarante-quatre d'entre eux ont été, en effet, construits en 2011 sur une parcelle de la commune où, franchement, personne n'aurait spontanément envie d'habiter ! Il s'agit de petites maisons, avenantes au demeurant – et c'est à mettre au crédit de la municipalité –, mais qui ont été bâties sur une bande étroite de terrain situé entre une autoroute et une gare SNCF

1. Omniscience, 2020.

et sa voie ferrée, c'est-à-dire précisément entre le bruit quasi permanent des voitures lancées à pleine vitesse sur l'autoroute A13 et le vacarme assourdissant des trains au moment de leur arrivée en gare toutes les vingt minutes ! Une pollution sonore qui contraste avec les espaces si calmes et verdoyants du reste de la commune. Ce sont en réalité les anciens dépôts de la SNCF qui ont laissé leur place aux logements sociaux. Des sociologues pourraient aisément parler de mépris de classe. D'ailleurs, Michel Pinçon et Monique Pinçon-Charlot, plus connus comme « les Pinçon-Charlot » – spécialistes incontestables de la sociologie des élites françaises ou, devrais-je dire pour mieux coller à leur vocable, de la classe dominante française –, ne s'en sont pas privés. C'est dans un article de *L'Humanité*, paru le 16 février 2012 et intitulé assez spirituellement « Marnes-la-Coquette, Marnes-la-Pauvrette » qu'ils assoient leur démonstration : « Marnes-la-Coquette a fait preuve de zèle [pour répondre aux exigences de la loi SRU, qui impose que les logements sociaux doivent représenter au moins 20 % des logements d'une commune], mais en reléguant le nouvel ensemble de logements dans un espace dont la localisation isolée paraît devoir conduire à la ghettoïsation. Les habitants les moins riches de cette commune se voient ainsi signifier deux fois leur relégation, dans l'espace social d'une localité profondément marquée par la présence de familles fortunées, et dans l'espace géographique en étant condamnés à vivre en marge de la commune. Une manière de plus pour leur faire comprendre qu'ils appartiennent à un groupe social dominé. Rien de tel, effectivement, que la relégation pour exercer cette violence symbolique qui contribue à l'acceptation d'une position subalterne dans une société inégalitaire. À Marnes-la-Pauvrette, cette violence sera atténuée par le privilège d'habiter une maison, mais diaboliquement entreposée entre autoroute et voie ferrée. »

Les Pinçon-Charlot ont cette radicalité dogmatique et doctrinaire qui est souvent celle du CNRS. Pourtant, en l'espèce, sur l'analyse de ce petit bout de territoire marnois, il serait difficile de leur donner tort.

Un dernier constat est à poser, sur ces mêmes logements sociaux situés entre l'autoroute et la voie ferrée : ils abritent en réalité des employés de maison qui travaillent à Marnes. Eh oui, les bonnes et les jardiniers sont là aussi, à leur place, dans le décor quotidien du village ! C'est une évidence en fait. Il n'y a qu'à se référer aux rôles qu'ils remplissent dans les belles maisons bourgeoises : il faut bien une présence servile et dévouée pour aider Iris et toutes les autres maîtresses de maison aux tâches ménagères, confection de repas, rangement, nettoyage, baby-sitting, réceptions, sans parler de l'entretien des immenses espaces verts...

C'est donc pour répondre aux besoins de toutes ces dames que des mouvements pendulaires se font, chaque jour, entre cette petite enclave de logements sociaux et les belles propriétés de Marnes. Tout paraît organisé au mieux, cautionné par la mairie, qui a su distribuer ces logements comme il fallait, ne nous en cachons pas, pour que les familles de Marnes puissent avoir leurs employés près d'elles, à portée de main (-d'œuvre).

La condition domestique occupe une belle place dans la littérature du XIXe siècle, depuis la fiction jusqu'aux journaux intimes. Les servantes y sont tantôt héroïnes de roman (*Geneviève*, d'Alphonse de Lamartine) ou figures secondaires mais importantes (les femmes de chambre chez Zola, que ce soit dans *Nana* ou *La Curée*). Le remplacement de la bonne par la femme de ménage, au XXe siècle, qui signifiait la fin des domestiques à demeure, a chassé ces personnages de la littérature. Mais les maisons fortunées existent encore et l'on y trouve un personnel qui, d'une certaine façon, n'est pas sans rappeler celui des siècles passés.

Pénétrer dans le Parc de Marnes, c'est ainsi évoquer les « domestiques » d'aujourd'hui qui, par leur dévouement extrême, permettent à toutes ces maisons de tourner : on y croise des femmes de ménage (qui sont embauchées non pas à l'heure – c'est bon pour la classe moyenne justement – mais à temps plein), des cuisinières, des jeunes filles au pair (la version moderne des gouvernantes), des jardiniers, des « hommes à tout faire » dédiés à tous les travaux de la maison, quand ce ne sont pas des chauffeurs ou même des gardes du corps. Évidemment, changement d'époque oblige, la bonne tout comme le jardinier ne sont plus de jeunes provinciaux qui viennent à Paris pour travailler et quitter les rudes conditions de leur campagne. Ils sont majoritairement immigrés.

Comment tous ces « gens de maison » sont-ils recrutés ? Deux possibilités. La première est simple et concerne surtout les riches étrangers du Parc : le personnel de maison arrive à Marnes avec ses employeurs. Il fait partie des bagages, en quelque sorte, et suit les pérégrinations de ces familles cosmopolites. Généralement, ce personnel vit à demeure et est très isolé de la vie du village.

J'ai rencontré un majordome qui a travaillé sept ans durant, dans les années 1990, auprès de la famille d'un banquier, qui vivait entre Gstaad et Marnes. Une maison où ils étaient quatre employés à temps plein. Ce majordome, prénommé Samir, avait été recruté par cette famille après un court passage à Matignon, au service privé d'un ancien Premier ministre. Il fut alors « repéré » et débauché par ce banquier, qui appréciait son style et sa discrétion. Ce qui m'a étonnée dans la discussion que j'ai eue avec Samir, c'est sa capacité à passer d'une grande famille fortunée à une autre, pour m'en raconter les coulisses, les modes de vie… « Vous savez, c'est un tout petit monde en réalité. Ils se fréquentent tous entre eux et donc nous aussi, au niveau du personnel, on les connaît également. Fatalement. » Samir fut ainsi capable de m'expliquer toutes les subtilités des lieux fréquentés par ces grandes familles : les hôtels particuliers parisiens, que l'on ne devine pas depuis les trottoirs de la capitale, avec parfois des jardins magnifiques en pleine ville, les chalets privés de Gstaad et les « maisons cachées de Marnes ». Dans ce village, me dit-il, « la richesse ne se voit pas, elle est derrière les murs. J'ai aimé cette atmosphère, qui n'était pas bling-bling du tout ».

Samir me raconta beaucoup d'anecdotes sur le train de vie de la famille dont il partageait le quotidien. Il le fit en dépit du contrat de confidentialité qu'il avait signé au moment de son embauche (un contrat rédigé par un cabinet d'avocat spécialisé !). Il me parla, par exemple, de la voiture de sport offerte au fils de la famille pour ses 18 ans et livrée dans le jardin avec un énorme nœud rouge. Il s'amusa avec moi des courses de Madame dans les boutiques de luxe, telle une acheteuse tantôt évaporée tantôt *out-bitched*[2], comme disent les Américains... (et allez savoir pourquoi l'anglais me vient si naturellement dès que je touche à ces questions de mode !) ; il me raconta les robes périmées aussitôt portées, qui exigeaient donc d'être remplacées sans délai.

Notre majordome évoqua aussi les billets de 500 francs, traînant négligemment dans la maison pour « tester » l'honnêteté du personnel ; et les livres de comptes, qu'il devait tenir, avec une somme en espèces très conséquente qui lui était laissée au coffre, afin d'effectuer tous les

2. « Déjantée », en français.

achats du quotidien pour lesquels il avait développé avec les années un impressionnant réseau de fournisseurs agréés par la famille – fournisseurs capables de tout livrer n'importe quel jour de l'année et à n'importe quelle heure, selon les désirs et les envies des uns et des autres…

Et puis, au détour de toutes ces anecdotes, est apparu ce corollaire de la richesse, qui consiste à faire preuve, de temps en temps, de pingrerie : « Ils vont chipoter parfois pour une baguette de trop, mais ils vont pouvoir dépenser 300 000 € dans le mois sans sourciller ! »

Iris aussi me raconta que son chirurgien esthétique de mari, « au moment où il a gagné beaucoup d'argent, a eu cette réaction qui consistait à payer parfois le moins possible pour, par exemple, faire des travaux. Pour la piscine intérieure notamment, il a fait appel à un gars qui n'était pas du tout fait pour ça… Ça a été un fiasco son truc, les canalisations d'eau, les rebords de piscine… Au point que des nids de moustiques se sont installés là et que nous n'avons jamais pu les déloger ! ».

Ce majordome me parla aussi de sa sœur qui, quant à elle, a fait toute sa carrière de gouvernante (puis de chef cuisinière, quand les enfants ont été plus grands) au service d'une des grandes fortunes françaises. Le nom de cette famille parlerait à tout le monde, mais il m'a été interdit de le révéler, puisque cette personne est encore à leur service. Peut-être puis-je simplement mentionner que la maison dans laquelle travaille la sœur de Samir se situe Villa Montmorency, dans le XVIe arrondissement de Paris. Un lieu parfaitement identique au Parc de Marnes : un seul portail d'accès pour un domaine privé, fermé, surveillé, qui renferme villas et belles demeures, à l'abri des regards et du tout-venant, en plein cœur de Paris ou presque…

J'ai interrogé Samir sur le niveau de salaire versé par ces familles à leurs employés et ai manqué de m'étouffer en entendant le montant : 15 000 à 20 000 € par mois, sans parler des avantages en nature qui vont avec (les nombreux cadeaux, par exemple). Un niveau de vie qui a un revers : une disponibilité permanente, tout au long de l'année : « Vous êtes à la fois dépendant et esclave. Car ce sont des personnes qui ne supportent pas qu'on leur dise non. On vous achète, en réalité. On dit toujours que l'être humain n'a pas de prix… Eh bien, si ! Et quand ces gens-là veulent que vous soyez à leur service, ils sont capables d'y mettre le montant qu'il faut ! »

J'interroge Samir : vivre auprès de ces familles fortunées fait-il perdre la tête, ou du moins ses repères ? « Oui, c'est vrai, c'est un risque, parce qu'on voyage dans les plus beaux pays du monde, qu'on est logé à la même enseigne que son employeur, dans les hôtels cinq étoiles, avec un *full credit* qui est pour nous aussi... On ne compte pas l'argent, nous non plus, quand on est à leurs côtés. Mais il faut savoir d'où l'on vient, c'est essentiel pour ne pas perdre pied ! Sinon, on essaie de devenir comme eux et, évidemment, on n'y arrive jamais. Ma sœur a complètement perdu pied, elle gagne plus que moi, elle doit être à 20 000, 22 000 € ; elle adore tout ce qui est bling-bling, elle a beaucoup de sacs de luxe, un appartement design, une cave avec de très grands crus... Elle a perdu le sens des réalités. Les magasins discount, ce n'est plus pour elle ! »

Toutes les maisons de Marnes sont loin d'offrir le même train de vie à leurs employés. Si l'on descend de quelques marches – dans la hiérarchie des maisons et donc du personnel –, on arrive à la deuxième méthode de recrutement, la plus traditionnelle finalement, qui donne un rôle central à la gardienne du Parc : c'est elle, en effet, bien souvent, qui distribue les places qui se libèrent au gré des départs et des arrivées des anciens et nouveaux propriétaires. Une mission bénévole sur le papier mais rémunérée de généreux pourboires. Et qui positionne notre chère gardienne en totem approbateur de qui doit non seulement entrer, mais aussi travailler au sein du Parc !

Pour ce faire, la gardienne met en relation les maisons qui cherchent du personnel avec des employés qu'elle connaît et à qui elle souhaite faire plaisir. Car les places dans le Parc valent très cher. Toutes les femmes, pour la maison, et les hommes, pour les jardins, rêvent d'y travailler. Non seulement parce que les salaires sont élevés (quand ils ne sont pas, on l'a vu, exceptionnels), mais également parce qu'une forme de snobisme existe aussi chez les employés de maison. Un sentiment d'assimilation se développe au contact de ces riches propriétaires. Travailler dans une belle maison est effectivement plus valorisant que de travailler dans un modeste appartement (même si les tâches sont les mêmes) et autorise une forme de fierté. Cela forge aussi des critères élitistes sur ce que doivent être ceux qui vous emploient. Et tous les employés de maison qui travaillent dans le Parc se sentent également dépositaires de la confidentialité de celui-ci...

« Le silence est d'or », chez eux aussi. C'est d'ailleurs la raison pour laquelle certaines femmes de ménage jugées trop bavardes sont écartées d'emblée de ce réseau de recrutement mis en place par la gardienne du Parc. C'est comme cela que j'appris que la femme de ménage de mon ancien voisin faisait partie de la liste officielle des *persona non grata* dans le Parc, en raison de son penchant pour les commérages…

Étonnant personnage que cette gardienne du Parc. Vigie (et parfois chien de garde menaçant) du domaine, elle aussi jouit par procuration, depuis sa loge – qui est une vraie jolie petite maison –, de la fortune et de la réputation des propriétaires qui composent le domaine. D'où son zèle dans sa mission et parfois aussi son mépris pour ceux qui viennent de l'extérieur ! De manière plus douce (le côté cerbère en moins) et plus littéraire, la petite bonne Françoise, personnage de Marcel Proust, avait elle aussi besoin pour vivre d'être auréolée de l'estime dont bénéficiait la famille du narrateur. Françoise commença son service auprès de la tante de Marcel Proust. Ce dernier écrit : « Elle jouissait de ce que ma tante possédait, sachant que les richesses de la maîtresse du même coup élèvent et embellissent aux yeux de tous sa servante, et qu'elle, Françoise, était insigne et glorifiée dans Combray[3]. » Puis Françoise rejoint, quelques années plus tard, la maison du narrateur qui affirme, lorsqu'elle est à son service : « Françoise vivait avec nous en symbiose ; c'est nous qui, avec nos vertus, notre fortune, notre train de vie, notre situation, devions nous charger d'élaborer les petites satisfactions d'amour-propre dont était formée [...] la part de contentement indispensable à sa vie[4]. »

C'est osé, j'en conviens, de revenir au XIXe siècle et aux grandes années de la domesticité. Depuis cette époque, fort heureusement, le statut de la bonne (tout comme celui des gardiens) a évolué. La petite servante est devenue une employée de maison et a acquis un statut, avec les droits et avantages sociaux qui en découlent. Mais parfois, « il faut que tout change pour que rien ne change[5] ! » et les images du passé ne sont pas loin. Surtout à Marnes.

---

3. Marcel Proust, *Du côté de chez Swann,* Gallimard, Paris, 1915.

4. Marcel Proust, *Le Côté de Guermantes,* Gallimard, Paris, 1920.

5. Célèbre réplique du *Guépard,* le film de Visconti inspiré du roman posthume de l'écrivain sicilien Giuseppe Tomasi di Lampedusa.

Un métier, en revanche, peut échapper à toute référence proustienne : c'est celui de garde du corps. Lui aussi est présent à Marnes. Le Marnes d'aujourd'hui, celui de Johnny, des Russes et du Qatar ! Ces hommes de la sécurité entrent et sortent également du Parc, jour et nuit.

« Tout va bien, mademoiselle ? » me demanda, une fin d'après-midi de juin, un conducteur qui s'approcha de moi avec sa voiture alors que je me trouvais seule, le long de la route, assise sur un banc, à côté de la mairie du village.

La question me saisit par sa pertinence inattendue ! Comment cet homme, que je ne connaissais pas, avait-il deviné en passant simplement à côté de moi, au ralenti, que quelque chose n'allait pas ?

En effet, j'avais dû fuir mon appartement une demi-heure plus tôt, m'étant retrouvée face à un ballet incessant et impressionnant de guêpes dans ma chambre, en raison d'un nid installé derrière un tableau ! Face à cette situation effrayante, j'étais venue demander de l'aide à la mairie. Trouvant porte close, je m'étais alors assise sur un banc de la place du village, démunie et accablée.

Cet homme venait de percevoir ma détresse. « Que vous arrive-t-il ? » me questionna-t-il à nouveau très gentiment. L'invasion des guêpes dans mon appartement fut facile à décrire, et je ne m'attendais pas à grand-chose en l'exposant à cet homme… Quelle ne fut donc pas ma surprise quand ce dernier proposa de m'aider ! Il gara sa voiture devant l'entrée du Parc, située non loin de là. Il s'expliqua quelques instants avec la gardienne des lieux, qu'il semblait bien connaître – un échange qui me rassura et me fit accepter son escorte jusqu'à mon domicile.

« Vous habitez le Parc ? lui demandai-je sur le trajet.

— Non, je venais y prendre mon service.

— Votre service ?

— Je suis garde du corps.

— Ah oui… eh bien ça alors !

— De Laeticia Hallyday, me dit-il, s'amusant de mon étonnement. »

Tout cela était crédible, puisque Laeticia séjournait bien à ce moment-là à Marnes. Nous le savions par la presse.

Autant vous dire que mon preux garde du corps, bien costaud, habillé en treillis et lunettes noires, n'eut aucune peur de s'approcher et de soulever le tableau de ma chambre. Nous y trouvâmes bien un nid de guêpes, qui fut avalé par le tuyau de mon aspirateur, en un geste sûr et vigoureux, et en moins de deux minutes ! Un verre de Coca partagé, après cette démonstration de bravoure, m'aida à me remettre de mes émotions, et à entendre de la bouche de ce valeureux homme combien Laeticia n'était pas la marâtre que la presse dépeignait depuis le décès de son mari…

En ce jour béni, où il me plut tant de vivre à Marnes, j'étais prête à tout croire. Même à l'intelligence de Laeticia… Certains propriétaires du Parc n'avaient-ils pas raconté combien cette charmante personne était « tout aussi belle que péronnelle » ? « Vous n'imaginez pas les remarques décalées qu'elle pouvait faire au moment des assemblées de copropriétaires. On se regardait tous, un peu gênés et amusés, en pensant intérieurement la même chose ! » Tiens, tiens, Laeticia venait donc aux assemblées de copropriétaires. Amusant de l'imaginer. Ainsi va la vie, parfois romanesque, de Marnes-la-Coquette…

Chapitre 6

Le twist du canotier

« Tu sais pourquoi, Maryvonne, je suis venu m'installer à Marnes avec Laeticia ? je crois que je ne te l'ai jamais dit. Eh bien, adolescent, j'en avais fait la promesse à un homme qui a beaucoup compté pour moi et qui vivait ici. Cet homme, c'était Maurice Chevalier. Et tu vois, cette promesse… je l'ai tenue ! »

Cette petite commune de Marnes-la-Coquette a donc ceci d'incroyable : elle a, en effet, établi un lignage entre deux générations d'idoles. Chevalier et Hallyday. Rien que cela. Qui aurait pensé inscrire ce village à l'armorial français des troubadours ?

Ma mère sourit : « Mais qui s'intéresse encore, ma pauvre fille, à Maurice Chevalier !? Est-ce que tu sais d'ailleurs, toi, qui était vraiment cet homme, ce qu'il a représenté au siècle dernier – car on parle bien du siècle dernier, et plus de la première moitié que de la deuxième d'ailleurs ?

Si ta génération n'en sait rien, alors imagine les suivantes... »

D'accord, maman, mais à quoi serviraient les livres s'ils s'interdisaient de parler des gens que « les moins de 20 ans » ne connaissent pas ? Et puis, ce n'est pas comme si le passé était un thème étranger à mon livre, justement... Je crois même que je vais lui donner une bonne place dans mon récit. Mais là où tu as peut-être raison, c'est qu'à notre époque, la nostalgie et le passé n'ont pas bonne presse. Je pourrais presque, en fait, m'enorgueillir d'anticonformisme... et voir ainsi Maurice Chevalier comme une légère et subtile hérésie éditoriale. Eh bien soit ! Ressuscitons donc modestement la gloire passée de ce chanteur aux soixante-dix ans de carrière, aux mille chansons et aux soixante films, parce qu'il fut aussi acteur et inventeur, dit-on, du one-man-show ! Maurice Chevalier, l'homme au canotier : ce fameux chapeau de paille qui fit partie de sa légende ; il l'a porté pour la première fois en 1921, au Casino de Paris, dans une revue intitulée *Dans un fauteuil*, en ignorant qu'il allait asseoir sa réputation pour l'éternité (ou presque). Il est le seul artiste français à avoir réussi à conquérir l'Amérique, devenant une vraie légende d'Hollywood. Lui, le gavroche de Ménilmontant, né en

1888 et mort en 1972. Deux dates qui suffisent à rappeler qu'il traversa la Belle Époque, les deux conflits mondiaux, la guerre d'Indochine, celle d'Algérie et enfin Mai 68 !

C'est en 1952 que Maurice Chevalier s'installe à Marnes-la-Coquette. Il est donc déjà très célèbre, ici et aux États-Unis. Il baptisa la maison qu'il acheta, La Louque, du surnom de sa mère. Une très belle demeure, composée d'un corps principal, tout en longueur, et d'une autre partie, en forme de tour. L'élégance sobre de l'architecture des années 1930. La maison est très grande, près de 600 mètres carrés, 15 pièces ; elle s'ouvre sur 7 000 mètres carrés de jardin, avec de nombreux arbres centenaires, une fontaine Wallace (cet Américain, qui apporta l'eau potable dans les rues de Paris, était l'ancien propriétaire des lieux) et même une scène de théâtre en plein air. Je connais cette maison et ce jardin. Tout comme un bout de l'histoire de Maurice Chevalier. Un morceau très modeste de cette histoire, aussi modeste que la place que mon grand-père occupa à ses côtés, puisque celui-ci, qui était médecin, le soigna pendant quelques années, se rendant ainsi souvent à La Louque.

L'évocation de mon grand-père m'autorise une petite incise personnelle dans ce récit. Puisque j'évoque des trajectoires familiales dans ce livre, qui partent toutes de Marnes-la-Coquette, autant indiquer d'où je viens, moi aussi, et quel est mon lien avec ce village. Mon grand-père n'était pas français, mais polonais. La guerre l'amena jusqu'en France où, résistant dans le Vercors, il fut blessé. Il devra se faire soigner, à la Libération, à l'hôpital Raymond-Poincaré, à Garches, commune voisine de Marnes-la-Coquette. Une fois guéri, il restera dans cette ville et reprendra courageusement des études de médecine, tout en acceptant le moindre boulot pouvant l'aider à les payer et surtout à se loger, avec ma grand-mère, dans une pièce où il faudra vite accueillir une petite fille, ma mère.

Mon grand-père était un bel homme, grand et mince. Ce n'est pas la petite-fille admirative qui le dit, mais tous ceux qui l'ont connu. Il ne laissait personne indifférent. À son physique s'ajoutait une forme d'élégance, naturelle et timide. Il appartenait à cette petite aristocratie polonaise aux absolues bonnes manières. Lorsque mon grand-père put enfin pratiquer son métier (les études furent longues, surtout pour une personne qui devait apprendre une langue en même temps que ses cours, et obtenir sa nationalité française pour avoir le droit d'exercer), il devint un modeste médecin de banlieue, mais un médecin choisi, notamment par Maurice Chevalier, pour sa discrétion et son dévouement à ses patients.

Maurice Chevalier fut le seul habitant de Marnes à n'avoir jamais profité de l'accueil et de la cuisine des Hirondelles. Tous les jours, pourtant, lorsqu'il n'était pas en tournée, il quittait sa maison, dans sa voiture conduite par son chauffeur et homme de confiance, Félix Paquet, et s'arrêtait devant les Hirondelles. Un petit signe de la main pour saluer Maryvonne, toujours depuis sa voiture, de laquelle il ne descendait jamais, laissant son chauffeur revenir avec le journal, *France Soir*. « Un air seigneurial », dira Maryvonne. Et un rituel qui durera jusqu'à la mort du chanteur.

Ma mère accompagnait parfois son père médecin lors de ses visites à La Louque. Ils entraient tous les deux par une petite porte réservée au « Personnel » (la mention était ainsi gravée sur le mur extérieur de la maison). En attendant que mon grand-père finisse sa consultation, ma mère, encore toute jeune fille, restait dans la cuisine avec le personnel de maison, assez impressionnée par le spectacle qu'elle y voyait – cette agitation de domestiques autour d'elle, qui fleurait bon le

XIXe siècle – et par la modernité de cette cuisine qui, elle, était bien entrée dans le XXe siècle. Il faut dire que Maurice Chevalier avait dépensé beaucoup d'argent pour faire de cette villa un endroit au comble du luxe. « Elle est si belle que je ne cesse de l'admirer comme si elle appartenait à un autre que moi », écrivait-il à propos de La Louque.

La dernière compagne de Maurice Chevalier, Odette Meslier, nous fit très gentiment visiter cette maison, ma mère et moi, plus de vingt ans après la mort de l'artiste. Situation peu banale, elle avait choisi de continuer à vivre dans le souvenir de son compagnon, en laissant les lieux en l'état, comme s'il avait quitté cette maison la veille. J'ai donc eu le privilège d'être admise dans ces murs chargés d'histoires, qui semblaient attendre le retour de leur propriétaire. Rien n'avait bougé, le pyjama de Maurice Chevalier était encore sur le lit – entre deux immenses bibliothèques en acajou – et sa voiture, une Mercedes bleu nuit, restait dans le garage... Nous sommes dans les années 1990, je suis adolescente. Je découvre un endroit incroyable. Le luxe est encore là. Il a vieilli, bien sûr, n'est plus au goût du jour, mais il s'impose malgré tout encore, le raffinement continue de s'en dégager.

Un raffinement mêlé de modernité : comme si le cossu des années d'avant guerre se mariait avec l'ingéniosité astucieuse des années 1970 pour enfanter un lieu, certes parfois ostentatoire (l'épure du design n'était pas encore à la mode), mais où tout avait été pensé à la perfection pour une vie confortable.

J'ai ainsi découvert du salon à la salle à manger, en passant par le bureau du premier étage, la plupart des meubles, objets, livres, affiches et photographies qui retraçaient toute la vie de cet artiste que je ne connaissais pas vraiment du haut de mes 15 ou 16 ans. Je voyais un peu partout des photos encadrées, avec quelques dédicaces amicales et affectueuses, mais les visages et les noms ne me disaient rien. À l'exception d'un seul, pour être honnête : Gary Cooper, parce qu'on disait que mon grand-père lui ressemblait étrangement. Lors de cette visite, j'appris que Maurice Chevalier avait fréquenté les plus grandes stars américaines : Charlie Chaplin, Greta Garbo, Marlene Dietrich, Marilyn Monroe, Grace Kelly, Ingrid Bergman, et d'autres encore. Amateur de peintures et de sculptures, Chevalier collectionnait aussi des aquarelles et des dessins originaux de Charles Kiffer, auteur de la plupart de ses affiches de music-hall. Dans le hall de sa maison, il avait placé, en évidence, un moulage en bronze de ses mains, offert en 1953 par sa maison de disques, en reconnaissance de sa carrière. Et enfin, il y avait encore un peu partout les fameux canotiers.

Odette Meslier était arrivée tard dans la vie de Maurice Chevalier, en 1969. Leur histoire n'aura donc duré que les trois dernières années de la vie de l'artiste et aura fait beaucoup jaser. C'est une époque où l'artiste broie du noir. Les *sixties* sont passées par là, avec leur déferlement de nouvelle vague, de nouvelle mode et de nouveaux chanteurs. C'est le temps des yé-yé. Maurice Chevalier essaie de s'adapter pour durer encore : voilà le troubadour du music-hall français qui prend le rythme avec Les Chaussettes noires, tout jeune groupe de rock adepte d'une musique en vogue venue d'Amérique et dans lequel Eddy Mitchell se fait déjà remarquer. Ils chantent ensemble le twist… ou plus exactement « Le Twist du canotier », une chanson qui connaîtra un succès d'estime, mais qui n'empêchera pas Maurice Chevalier de déprimer, d'autant que sa voix n'est plus celle d'il y a quarante ans. En 1967, à presque 80 ans, il fait ses adieux sur scène. Perdu, il confie à son journal : « Je n'aurai plus à l'avenir la chaleur d'une salle amicale.

Il ne me restera plus que ma propre flamme pour tenir allumé, ou en veilleuse, ou… éteint. » Mais le destin va changer l'humeur de l'artiste. Le 20 juin 1969, Maurice Chevalier signe son ultime livre aux Galeries Lafayette, où des centaines de personnes font encore la queue pour l'approcher. Une jolie femme fait partie de cette foule et attend patiemment son tour. C'est Odette. À l'époque, c'est une femme divorcée, d'une quarantaine d'années, avec une petite fille de 7 ans handicapée. Maurice et Odette s'étaient en réalité déjà croisés, en 1952, le temps d'une réplique dans un film. Lorsque vient son tour pour sa dédicace, Odette le lui rappelle. Maurice Chevalier a alors 82 ans, et quelques mois plus tard, il demande à Odette de venir s'installer à La Louque. Il écrira : « Il me manquait une main féminine en laquelle je puisse réellement croire. Une main pour serrer la mienne, jusqu'au bout si possible. J'ai retrouvé une amie que j'avais connue il y a bien des années […]. Je crois pouvoir former en elle la femme qui peut remplir cette alliance affectueuse qui me manquait douloureusement, car je la sens plus sincère dans son sentiment pour moi qu'aucune des femmes que j'ai connues antérieurement. » En novembre 1971, Maurice Chevalier change son testament : Odette Meslier devient sa légataire universelle et gardera sa maison lorsque le chanteur décèdera en 1972.

Dans cette maison de La Louque, Maurice Chevalier a reçu des personnalités du monde entier. Et il y a accueilli aussi quelques jeunes artistes en herbe, venus chercher auprès de lui des conseils et une forme de bienveillant parrainage. Parmi ces jeunes gens apparaît Johnny Hallyday.

« Un vrai champion, ce môme ! » Maurice Chevalier a l'œil, et l'oreille. Il rencontre Johnny pour la première fois en 1955. Le môme, comme il dit, a alors 12 ans et c'est sa tante, Hélène Mar, célèbre cantatrice et vedette du cinéma muet pendant la Première Guerre mondiale, qui a rendu possible cette entrevue. Hélène a recueilli Johnny en 1944, l'année qui a suivi sa naissance, et l'a élevé.

Le 20 mars 1963, elle écrit cette lettre touchante à Maurice Chevalier : « Je viens de regarder l'émission de télévision *Monsieur Tout le monde* où vous apparaissez en compagnie de Johnny Hallyday. Il est mon neveu, que j'ai adopté, et il me considère comme sa maman, et si je me permets de vous écrire, c'est pour vous demander si par hasard vous vous rappelez qu'il y a huit ans, j'ai obtenu un rendez-vous en votre propriété et que Johnny a joué de la guitare et a chanté pour vous afin que vous lui donniez votre éminent avis, or à ce moment-là, vous avez bien voulu lui conseiller de continuer à travailler et qu'il ferait certainement quelque chose. Et si je vous écris, c'est pour que vous sachiez qu'il a suivi votre conseil et que c'est grâce à votre premier conseil qu'il a eu le courage pour continuer la lutte. Si vous vous rappeliez ce petit garçon blond de 10 ans, Johnny et moi en serions très heureux. »

Quelque quarante années plus tard, Johnny s'installe à Marnes-la-Coquette, à quelques mètres seulement de là où habitait Maurice Chevalier. La Louque n'a donc pas changé, malgré les années. En la regardant, Johnny se souvient fatalement du jour où il est entré dans cette maison, avec timidité, à l'âge de 12 ans, pour rencontrer ce « grand monsieur » de la chanson française.

Quarante ans plus tard, c'est lui, le « grand monsieur », la star de la chanson, que le pays entier connaît, et qui vit là, à Marnes, dans les pas et le voisinage, spirituel, de son mentor.

Le destin – et Johnny – en ont décidé ainsi. Et loin des caméras et des gazettes people, subsiste l'émotion de ce passage symbolique de témoin entre deux grands artistes, mais aussi entre deux mondes, deux époques.

Chapitre 7

« Tu as une maison d'artiste… moi, j'ai une maison de star ! »

Un des propriétaires du Parc privé de Marnes, qui a passé là près de quarante-cinq ans, a vu, depuis sa fenêtre, ce changement d'époque. Il ne s'agit pas du plus riche. Mais peut-être de l'un des plus sympathiques. Il est arrivé dans le Parc en 1972, et vient tout juste d'en partir, pour aller s'installer un peu plus loin, dans le département des Yvelines. Tout le monde le connaît dans le village, et pour cause… son nom est Hugues Aufray. Un autre chanteur ! Souvent surnommé « le Bob Dylan français » pour son amour de la culture folk et rock. De « Santiago » à « Stewball », ses chansons sont inscrites à notre patrimoine musical et fredonnées de génération en génération.

Je rencontre Hugues Aufray pour la première fois en décembre 2019, en vue de l'écriture de ce livre. Sa fiche Wikipédia, que je consulte avant notre rendez-vous, me donne sa date de naissance : 1929. Je m'en vais donc voir un homme de 90 ans ! Difficile à croire en voyant – toujours sur Internet – sa dernière photo parue dans *L'Obs*, l'été précédent, en pleine période de canicule : Hugues Aufray se montre facétieux, posant enfermé dans un distributeur de boissons fraîches avec cette légende : « Hugues au frais ! » Un âge difficile à croire également en l'entendant me parler au téléphone d'un ton vif, alors qu'il me demande de repousser notre rendez-vous de quelques semaines : en effet, il part pour une tournée de concerts au Canada !

Lorsque Hugues Aufray me reçoit donc chez lui, je découvre un homme qui ne fait non seulement pas ses 90 ans, mais qui a surtout gardé le look de ses 40 : il est en tee-shirt blanc, jean moulant et santiags. L'accueil est des plus chaleureux.

« Vous voulez donc que je vous parle de cette chère Marnes-la-Coquette ? Ça tombe bien, j'ai adoré ce village ! »

Hugues Aufray avait préparé pour notre rencontre plusieurs photos, afin d'illustrer les différentes étapes de sa vie passée à Marnes. Là aussi – et je n'en reviens pas ! – l'histoire, racontée par une première photo, me ramène directement à Maurice Chevalier. Hasard ou coïncidence qui donne à ce Parc de Marnes une tonalité étrange, presque musicalement prophétique... Nous sommes en 1959, Hugues Aufray a 30 ans. Il chante depuis plusieurs années dans les cabarets, sa « période troubadour », comme il dit. Comme sa carrière ne décolle pas vraiment, il est sur le point de changer de vie et d'aller s'installer à la campagne pour faire un élevage de moutons. Avant de partir, il projette de s'instruire du métier dans une école de bergers à Rambouillet dans les Yvelines ! Et puis, heureuse surprise, Hugues Aufray remporte un concours et décroche un premier contrat dans une maison de disques, et pas n'importe laquelle : le label Barclay. Deux ans plus tard, en 1959, Maurice Chevalier confie à Eddy Barclay sa recherche d'un jeune chanteur pour l'accompagner aux États-Unis, alors qu'il doit donner un spectacle à New York, en faveur d'une œuvre sociale.

Un casting a lieu. Les chanteurs de l'époque se présentent, certains sont déjà connus, mais c'est Hugues Aufray qui remporte cette audition. Celle-ci a lieu à La Louque, la maison de Maurice Chevalier. Pour notre jeune chanteur, « Maurice Chevalier, à l'époque, c'est la très grande classe ! L'unique artiste français reconnu et acclamé aux États-Unis ». Il n'en revient pas de cette audition réussie, lui qui est arrivé à Marnes sans guitare, sans idée de chanson et qui a fini, à la demande de Maurice Chevalier, par s'installer sur l'un des deux grands pianos de la maison, un piano « magnifique, Art déco, en citronnier ». Hugues entonne alors « Y'avait Fanny qui chantait », la chanson des appelés en Algérie, qui commence ainsi : « Dans ce bled, il faisait chaud, l'ennui nous trouait la peau, on vivait sans savoir si l'on reviendrait au pays... » L'icône de la chanson française est séduite par la voix d'Hugues Aufray, qu'il trouve émouvante. « Et pour cause, j'avais la voix blessée, cicatrisée, nous étions peu de temps après la mort prématurée de mon frère, qui a été un vrai drame pour moi. »

Maurice Chevalier et Hugues Aufray partent donc tous les deux à New York, à l'époque de Noël, en 1960, pour ce bal caritatif. Ils sont invités au fameux *Ed Sullivan Show*, qui est la grande et célèbre émission du dimanche soir de l'époque, à la télévision américaine. Maurice Chevalier présente Hugues Aufray comme son « protégé » (il le dira en français). Leur escapade à New York va durer huit jours, lancer la carrière d'Hugues Aufray et lui permettre de découvrir le style de musique qu'il veut jouer. C'est en effet à

Greenwich Village[1] qu'Hugues Aufray découvre le courant folk et entend, pour la première fois, Bob Dylan… c'est pour lui « une révélation ».

Le jour de la saint Maurice, en 1963, Hugues Aufray remercie son protecteur ainsi : « Je ne me souviens plus très bien à quel âge j'ai appris que le Père Noël n'existait pas. Ce rêve perdu à jamais me laissait entrevoir la vie telle qu'elle est, ne laissant aucune place aux rêves d'enfant. Pourtant, ma nature, je dois l'avouer, étant assez portée à la rêverie, j'ai continué à rêver et comme tous les petits garçons qui ont lu *Zig et Puce*[2], j'ai voulu, moi aussi, aller un jour à New York. Les débuts de ma carrière ayant été très longs et difficiles, je me suis souvent découragé et mon rêve de New York avait sombré comme tant d'autres. Pourtant, un jour, grâce à vous, me voilà à New York. Je vous revois encore dans ce New York, où la neige commençait à tomber, sur le pas de la porte de l'hôtel avec votre immense sourire, rentrant d'une répétition, à peine fati-

1. Épicentre du mouvement de la contre-culture des années 1960 à New York.

2. *Zig et Puce* est une série de bandes dessinées créée en 1925 par Alain Saint-Ogan. Les deux héros de ces albums cherchent par tous les moyens à atteindre l'Amérique pour y devenir millionnaires.

gué, me disant gentiment bonsoir. Pour moi, désormais, le Père Noël aura votre visage, car il a votre sourire et, comme vous, il n'a pas d'âge ! Bonne fête, je vous embrasse très fort[3]. »

L'histoire aurait pu s'arrêter là. Mais elle reprend joliment, en 1972. Hugues Aufray vient de perdre sa maman, dont il était très proche. Il est bouleversé. Le lendemain des obsèques, il décide de prendre l'air avec sa femme et ses deux filles, pour tenter de se changer les idées. « Je vais vous emmener à Marnes-la-Coquette, parce que c'est là que ma carrière a démarré », leur dit-il. La maison de Maurice Chevalier est évidemment celle qu'il souhaite revoir, pour partager avec sa femme et ses filles le souvenir de cette audition, au cours de laquelle il osait à peine chanter…

Maurice Chevalier vient de décéder, lui aussi. Aucune retrouvaille n'aura donc lieu. Mais lors de cette promenade, à quelques mètres seulement de la maison de son ancien mentor, Hugues passe devant une autre bâtisse, abandonnée, couverte de lierre, qu'il remarque. Le temps passe et la tristesse du deuil s'estompe lentement.

---

3. Lettre d'Hugues Aufray à Maurice Chevalier du 22 septembre 1963, collection François Vals.

Hugues, qui habite Neuilly, décide de déménager pour aller vivre dans une maison, avec un jardin. Une agence immobilière lui montre des demeures et même un château, un peu loin, à la campagne. Rien ne lui plaît vraiment, aucune transaction n'aboutit. Et puis voilà qu'on lui montre une photo sur laquelle il reconnaît cette maison de Marnes-la-Coquette, recouverte de lierre, située juste à côté de la maison de Maurice Chevalier. Cette maison qu'il avait justement remarquée quelques mois plus tôt ! Il se battra pour l'acheter : « Il n'y a que le destin pour cela : il fallait que je sois là ! »

Hugues Aufray passera ainsi quarante-cinq ans dans cette maison ! Il repensera souvent à son mentor. Trop timide, il n'osera pas frapper à la porte de sa veuve, Odette Meslier, restée seule dans cette grande maison de La Louque. Il faudra attendre la vente de celle-ci, en 2013, après le décès d'Odette, pour que Hugues y entre à nouveau, là où tout a vraiment commencé pour lui. Au cours de cette vente, une jeune femme qui travaille à l'étude du commissaire-priseur en charge d'évaluer tous les biens de Maurice Chevalier sonne à sa porte, et lui demande s'il a de quoi gonfler des pneus. En l'occurrence, ceux de la Mercedes bleu nuit de Maurice Chevalier qui n'a pas bougé du garage depuis plus de quarante ans, soit depuis 1972, date du décès du chanteur ! Cette jeune femme veut sortir la voiture du garage pour la photographier en vue de sa vente, mais les pneus sont à plat et les freins bloqués. Hugues Aufray appelle alors un de ses amis, Jean-Jacques Julien, fondateur de Depann 2000, afin qu'il lui envoie une dépanneuse. C'est Hugues Aufray qui conduit la voiture lorsque celle-ci sort enfin du garage et qui la lave au jet d'eau pour la rendre présentable ! La jeune femme et le commissaire-priseur lui proposent alors de visiter la maison, et Hugues Aufray, très ému en entrant à La Louque, y retrouve le fameux piano sur lequel il avait joué un demi-siècle plus tôt, le jour de cette audition de 1959. « Piano que j'aurais acheté, si j'avais été suffisamment riche ! »

Lorsque Hugues Aufray s'installe à Marnes, nous sommes donc au tout début des années 1970. En me parlant de cette époque, il s'amuse de ces profils de voisinage dans le fameux Parc privé, bien différents du sien. Il me décrit ces « fins de famille bourgeoise ». Il remonte encore le temps et me raconte la présence des Allemands, pendant la guerre, mentionnant notamment Goering, qui a habité là, et sa maison qui fut transformée en casino, avec des tables à jouer, pour distraire les hauts dirigeants nazis ! Et puis, lui aussi me parle des ventes successives qui ont eu lieu dans le Parc, « avec des personnes plus jeunes qui s'installent, des catégories sociales de plus en plus élevées, de plus en plus riches, et des étrangers ». L'arrivée de ces nouveaux profils change l'atmosphère du Parc. Lui aussi me le dit : « On ne connaît plus son voisin d'à côté. Chacun vit chez soi. » Pendant toutes ces années, Hugues Aufray accueille dans sa grande maison toute sa petite famille qui s'agrandit au gré des mariages, avec gendres et jeunes enfants qui viennent s'installer là. Il n'en fait pas mystère non plus : deux maisons sont en réalité construites sur son terrain, la grande est pour sa femme, leurs filles et leurs petits-enfants, et la plus petite pour sa jeune maîtresse, Murielle, de quarante ans sa cadette. La situation peut étonner, mais elle n'est ni secrète ni honteuse. Hugues Aufray ne veut pas divorcer, c'est tout. Il a trop souffert de la séparation de ses parents. Tout le monde apprend donc à vivre ensemble, dans un incomparable équilibre.

Hugues Aufray sort peu, sa vie est centrée autour de cette grande famille atypique et s'inscrit dans la simplicité. Et cela même au moment de ses plus grands succès : « C'est ce qui me distinguait des autres artistes de mon époque, dans les années 1960 et 1970. Les Gainsbourg ou Hallyday sortaient tous les soirs, jusque tard dans la nuit, ne déjeunaient ni ne dînaient à la maison. Moi, j'étais tout l'inverse ! En 1966, avant d'acheter Marnes, la première chose que j'ai faite avec mon argent, c'est d'acheter une ferme en Ardèche, que je restaure : 80 hectares de ferme, avec des chèvres ! Je lance une exploitation agricole en fabriquant des fromages et je gagne deux médailles d'or à Montélimar ! C'est comme dans la fable de La Fontaine : il y a le rat des villes et le rat des champs. À moi, les champs. À eux, Megève, Saint-Tropez, Paris, les boîtes de nuit, l'alcool, les cocktails. Donnez-moi quinze jours de vacances et je file en Ardèche ! »

Alors, à Marnes, Hugues préfère naturellement la vie du village, qui lui sied comme un gant, plutôt que celle du Parc privé. Il aime cette petite commune, avec sa place de la Mairie où l'on se rencontre et où l'on se parle. Il fait ses courses à l'épicerie (tant qu'elle a existé !), il va souvent aux Hirondelles. Quand le café est mis en vente, il essaie même de convaincre une de ses filles de le reprendre. Il anime aussi, chaque année, les concerts donnés à l'occasion de la fête de la Saint-Jean, au mois de juin. Voilà d'ailleurs une fête importante et qui attire le public à Marnes-la-Coquette. J'y reviendrai car tous les anciens, sans exception, m'en ont parlé, dans un même élan nostalgique de patriotisme villageois.

La deuxième fille d'Hugues, Charlotte, après avoir eu son premier bébé, travaillera au petit bureau de poste, sur la place de la Mairie, pour rester proche du reste de la tribu. « Elle est devenue la postière de Marnes et elle l'est restée longtemps ! » Le bureau est malheureusement fermé aujourd'hui. Autre signe du temps : Marnes n'échappe pas à la fin du service public de proximité. Mais avait-on vraiment le choix ? La maire de la commune est pragmatique : « Moi, je suis obligée d'avoir une approche de gestionnaire. Le bureau de poste était éminemment sympathique, c'est vrai, j'adorais moi aussi y aller. Mais il n'était ouvert que le matin. Il devait y avoir, dans les bons jours, dix personnes qui le fréquentaient. On vendait des timbres et on envoyait quelques colis. Économiquement, on peut se poser des questions sur la viabilité du système. En plus, la Poste payait un loyer élevé parce que la maison qui l'accueillait fait partie du domaine de Saint-Cloud. » La poste a fermé, donc, mais je l'ai déjà mentionné, la façade de la petite maison qui l'abritait porte toujours, en 2020, cette fameuse inscription « Poste-Télégraphe-Téléphone ».

Si Hugues Aufray a eu peu de contacts avec ses voisins du Parc, ce n'est pas seulement une question de mode de vie. C'est aussi vers une explication plus sociologique qu'il faut aller. Hugues Aufray, toute personnalité connue qu'il était, n'appartenait pas, en réalité, au même monde que ces riches propriétaires : « Tout cela me dépassait. En quarante-cinq ans, j'ai dû assister deux fois (au maximum !) aux réunions de copropriétaires. Le président de l'Association des copropriétaires est un assureur, une personne très riche, milliardaire, ce qui est loin d'être mon cas ! Il roule en Bentley et joue au golf dans le club le plus fermé de France, à Saint-Cloud, aux côtés des plus grandes fortunes du pays. Je me suis toujours senti, parmi eux, le saltimbanque de la bande. »

Mais dans cette bande de copropriétaires, n'y avait-il pas quand même Johnny ? Un autre saltimbanque, lui aussi, et avec qui faire équipe, en *vieilles canailles* de la chanson française. Hugues et lui se connaissent d'ailleurs très bien et depuis de nombreuses années. Quand Johnny, qui est déjà connu, effectue son service militaire à Offenbourg en Allemagne, Hugues lui rend même visite. Une lettre datée du 3 octobre 1964 en témoigne : « Tu es le seul artiste à m'avoir rendu visite à la caserne. Plus encore que mon meilleur copain, je t'aime comme un frère. » Et quand la petite sœur d'Hugues – Pascale Audret – se marie avec Francis Dreyfus, qui était l'éditeur de Johnny, Sylvie et Johnny sont leurs témoins de mariage. Mais les années passent et les relations s'estompent quelque peu. Et puis, en 1999, Johnny arrive à Marnes.

« Le Marnes de Johnny, c'est autre chose que celui que j'avais choisi. Le Qatar, l'Arabie saoudite et Séguéla… Johnny est arrivé à cette époque-là ! Avec les gardes du corps, les caméras de sécurité et les vitres fumées des voitures. C'est aussi ce qu'il voulait en venant vivre ici. Mon Parc à moi, quand je suis arrivé, était sauvage et bon enfant. »

En entendant ces dernières paroles, je me dis que si Hugues et Johnny ont en commun, avec leur arrivée à Marnes, cet étonnant et singulier retour aux sources de leur carrière avec Maurice Chevalier, ils n'y sont pas venus chercher la même chose. Hugues Aufray, c'est l'ancien Marnes, le village, sa vie locale et presque familiale qui lui ont plu. Johnny, c'est le nouveau Marnes qui l'a séduit. Celui où l'argent et la mondialisation ont dorénavant pris place et insufflé un nouveau mode de vie.

Marnes n'a-t-il d'ailleurs pas accueilli dans les années 2010 deux autres artistes qui ne peuvent pas mieux symboliser ce « nouveau monde » : les Daft Punk ?

Décidément, me direz-vous, explorer la mémoire de ce village adossé à la Ville lumière s'avère être un voyage musical et artistique surprenant. Une cité des métronomes et des gammes, de quoi « *la-do-ré* », s'amuserait-on à écrire.

Les Daft Punk. Ce binôme artistique français – casque noir pour l'un, casque blanc pour l'autre – ne laisse pas indifférent. Au moins visuellement. Quant à la musique, c'est leur tube planétaire, « Get Lucky », qui vient spontanément à l'oreille : il a été vendu à des millions d'exemplaires et salué, un soir de janvier 2014 aux États-Unis, par tout le gotha de la musique pop et rock internationale, de Beyoncé à Paul McCartney, littéralement en liesse en écoutant le morceau lors de la cérémonie des Grammy Awards.

Guy-Manuel de Homem-Christo et Thomas Bangalter composent ce duo d'anonymes qui se transforment en superhéros musicaux dès la nuit tombée. Ils se sont rencontrés au lycée Carnot, à Paris, dans les années 1990 et sont rapidement devenus les symboles d'une génération nouvelle de la scène musicale française élevée aux canons d'Internet et de la mondialisation.

Pourquoi installent-ils leur société au cœur de Marnes, cette bourgade qui paraît si loin de leur univers, lequel est plus proche de *La Guerre des étoiles* et de *Star Trek* que de Jacques Tati ou du Petit Nicolas ? Je n'ai pas la réponse à cette question. Une supputation peut-être : la discrétion du village leur sied bien. Ici, on sait tout, mais on ne dit rien. Et surtout, on se protège. Et pour deux hommes qui cachent leur visage derrière des casques, cela paraît cohérent.

En tous les cas, à l'heure des fortunes mondialisées, il était possible de rencontrer du côté du Parc de Marnes (et plus exactement au 9, rue de Versailles – une adresse qu'ils ont quittée depuis), ce duo de *frenchies* très fortunés et très globalisés. Ces derniers, qui ont toujours privilégié la musique anglo-saxonne, ont même refusé, au nom de leur caractère international, d'être nommés aux Victoires françaises de la musique !

Et à l'instar de Johnny Hallyday, Guy-Manuel et Thomas ont partagé leur vie entre Marnes et

Los Angeles et ont ainsi fait du fameux siège 1A d'Air France leur résidence par alternance et intermittence, au gré de leurs tournées et de leurs voyages… Peut-être auront-ils d'ailleurs croisé, à bord de l'avion, à quelques sièges des leurs, d'autres voisins de Marnes, eux aussi adeptes de cette vie en mouvement. À visage découvert, personne ne les aura reconnus.

Johnny, lui, la star, avait du mal à passer incognito. Mais son succès et sa célébrité suffisaient-ils à son bonheur ?

La scène a lieu un mois après l'arrivée de Johnny à Marnes-la-Coquette. Hugues Aufray raconte : Il est minuit. La petite commune et plus encore son Parc privé sont plongés dans le noir et le silence. Un silence épais car la forêt, ne l'oublions pas, n'est jamais loin.

Soudain, alerté par sa fille, Hugues Aufray, qui dormait déjà, entend son nom, hurlé du dehors.

« Hugues, Hugues, c'est Johnny ! Viens ! Ouvre-moi ! »

Les cris viennent du fond du jardin. Hugues Aufray sort de sa maison et se dirige dans le noir vers son portail pour ouvrir la grille. Celle-ci est fermée par un antivol de Solex à trois chiffres… une charmante et incongrue trace du passé dans ce Parc devenu si sécurisé ! Hugues aperçoit

Johnny, qui est manifestement dans l'une de ses humeurs nocturnes et peut-être légèrement alcoolisées. Une humeur qui le pousse vers un peu de tristesse et de confidence…

Johnny s'avance vers Hugues, au fond de ce jardin plongé dans l'obscurité de la nuit, en lisière de forêt. Il le serre contre son cœur et se met à pleurer.

Il lui dit alors, d'une voix un peu étranglée :

« Tu es mon frère, je suis content de te voir… »

Johnny confie cette nuit-là à Hugues son sentiment, pour le moins étonnant, d'avoir raté sa vie.

— Mais qu'est-ce que tu me racontes, Johnny ! Tu ne peux pas dire ça, regarde la carrière extraordinaire qui a été la tienne…

— Tu sais, en fait, j'aurais voulu être Humphrey Bogart, être un grand comédien…

— Mais attends, ta vie n'est pas finie, tu peux encore faire des choses. Viens, on va entrer à l'intérieur de la maison, et on va parler un peu. »

Johnny ne restera pas très longtemps chez Hugues Aufray. Peut-être ont-ils reparlé, au moment où Johnny s'enfermait dans la nuit avec ses démons, de cette chanson, « Le Pénitencier » : elle fut écrite par Hugues Aufray et transformera l'image de Johnny chanteur yé-yé. Avec cette chanson, il endosse le blouson de cuir noir du rocker. Un rocker fragile et perdu, ce soir-là, qui confiera encore à son ami :

« Tu as pu faire la carrière que tu voulais, toi. Tu as pu vivre au plus près de ce que tu souhaitais faire… je t'envie pour cela. »

Un aveu douloureux.

Johnny quittera Hugues, au cœur de la nuit, un peu ragaillardi malgré tout par leur discussion. Au moment de partir, il lui dira, sans orgueil ou méchanceté, mais peut-être pour se consoler un peu d'être passé à côté de sa vocation première :

« C'est une maison d'artiste que tu as là… Moi, j'ai une maison de star… »

Johnny a raison. Tandis que l'un est resté toute sa vie un modeste saltimbanque, l'autre a « régné sur le podium des mythologies françaises, coulé dans le bronze de la dévotion populaire, entre de Gaulle et Tintin ». Philippe Rondeau ne m'en voudra pas d'emprunter ses mots, ceux qu'il a prononcés le 9 décembre 2017 à l'église de la Madeleine pour rendre hommage à Johnny Hallyday, décédé quelques jours plus tôt. Le Johnny qui était venu s'installer à Marnes-la-Coquette était devenu « l'ange crucifié, le fils prodigue, rocker et troubadour *forever* ». « Notre cœur français bat pour toi », a conclu son ami Philippe Rondeau.

Johnny n'est donc plus là. Hugues a aussi quitté Marnes-la-Coquette, pour aller couler à Marly-le-Roi ses derniers jours heureux avec sa compagne. Sa première femme et ses enfants sont partis vivre de leur côté. Mais Hugues a fait les choses correctement : en vendant sa maison de Marnes-la-Coquette, il aura pu donner de l'argent à chacun pour leur permettre de s'installer sans trop de difficultés. Un des riches entrepreneurs du Parc, dont j'ai déjà parlé, a voulu acheter cette maison, mais il s'est fait coiffer sur le poteau, comme il dit. Voulait-il y vivre ? Non, il s'agissait simplement d'un investissement de plus. Il reporta son argent sur une autre maison, située dans le bourg du village, ce qui fit de lui l'heureux propriétaire non pas d'une, mais de deux belles demeures à Marnes ! Une multipropriété fréquente, en réalité, je l'ai découvert au cours des entretiens que j'ai menés. Deux, trois, quatre, parfois cinq maisons… Les plus riches étendent les mètres carrés de leurs propriétés comme au jeu du Monopoly !

Avec la mort de Johnny et le départ d'Hugues, c'est néanmoins une page qui se tourne définitivement. Celle des artistes. Ils furent nombreux à

Marnes. Qu'ils aient été discrets ou excentriques, ils fournissaient à tous les habitants du village des sujets de conversation inépuisables. Et surtout, ils laissaient dans leur sillage singulier des chansons, des films et des livres. Certains quasi éternels. Comme cette chanson d'Hugues Aufray, « Adieu Monsieur le Professeur », qui fut entonnée, avec tant d'émotion, par une foule rassemblée place de la République, le 18 octobre 2020, à la mémoire du professeur d'histoire Samuel Paty, assassiné deux jours plus tôt par un terroriste islamiste, à quelques mètres de son collège, à Conflans-Sainte-Honorine, dans les Yvelines. « Nous vous offrons ces quelques fleurs pour dire combien on vous aimait / On ne vous oubliera jamais / Adieu monsieur le professeur... » Des paroles écrites en 1968, dont Hugues Aufray n'imaginait pas qu'elles deviendraient ainsi un hymne pour honorer ceux qui consacrent leur vie, dans la République française, à instruire les enfants.

Les artistes partis, que reste-t-il à Marnes ? L'argent. Les grandes fortunes. Les propres comme les plus douteuses. L'épopée spirituelle et artistique de Marnes est-elle définitivement terminée ?

Chapitre 8

La dernière famille de Nicolas Sarkozy

Ça sera toi !
Toi le plus riche,
De tous les Marnois !

Quasiment chaque personne que j'ai rencontrée dans ce village y est allée de ce même couplet : vous savez, on a beaucoup d'aisance, mais on n'arrive pas à la cheville de certains riches !

Iris, par exemple. Elle tint à me prévenir : il y avait des modes de vie encore plus fastueux que le sien, me parlant, par exemple, de ces patrons du CAC 40 qui, quand ils arrivent à la montagne, et plus précisément à Val-d'Isère (là où son mari avait fait construire un chalet), afin de ne pas faire de route, prennent un hélicoptère depuis Genève – où ils sont arrivés en avion – et se font déposer juste devant leurs skis et leur cheminée. Or, pour son mari et elle, je la cite, ce n'était pas leur style du tout ! D'ailleurs, son mari aurait pu aussi avoir un parking empli de belles voitures, Jaguar, Porsche ou Maserati. Il en avait les moyens. Mais ça non plus, ce n'était pas son truc ! Il aurait pu avoir un bateau… or, précisément, il n'en avait pas ! Et dernier argument pour soutenir cette démonstration implacable : ils n'avaient pas de chauffeur pour emmener les enfants à l'école !

En somme, *dixit* Iris : « On n'arrivait pas, mon mari et moi, à la cheville d'un Séguéla ! »

Le nom est donc tombé : Jacques Séguéla ! Et pas qu'une seule fois en réalité… Il fut souvent cité tout au long de mon voyage à Marnes. Tantôt parce qu'il était donc le plus riche du village, tantôt parce qu'on lui devait, à lui et à lui seul, ce que Marnes était devenu.

« C'est Jacques Séguéla qui s'est répandu dans les journaux sur Marnes, alors même qu'il n'a vécu là que trois ou quatre ans », lui reproche notamment la maire de la commune.

Un Marnois de passage, en quelque sorte.

Qui est exactement Jacques Séguéla ? Le 14 décembre 1979, il est l'un des invités de Bernard Pivot dans sa grande émission, *Apostrophes*. Ce soir-là, Pivot pose cette question : les publicitaires sont-ils des diables ? Était présente sur le plateau leur plus sympathique incarnation en la personne de Jacques Séguéla. « Vous savez, l'homme qui a dépensé plus de vingt millions d'anciens francs et beaucoup d'énergie pour que plus un Français n'ignore qu'il a écrit un livre : *Ne dites pas à ma mère que je suis dans la publicité… Elle me croit pianiste dans un bordel.* Des affiches partout, jusque dans le métro », commenta un journaliste du *Nouvel Observateur*, le 7 janvier 1980, en revenant dans son papier sur cette émission de Bernard Pivot, quelques jours plus tard[1]. À l'époque, Jacques Séguéla dirige l'agence RSCG (le « S » lui appartenant), qui deviendra plus tard l'agence Havas. Il roule en Rolls. Et, nous raconte encore le journaliste de *L'Obs*, « ses amis disent que c'est un malade du travail. Ses ennemis le disent "hâbleur", "truqueur", "mégalomane" mais lui reconnaissent "le clinquant et le panache d'un maréchal d'Empire". C'est un homme capable de refuser une augmentation à un collaborateur en arguant des difficultés de l'agence, de la concurrence, etc. ; trois jours plus tard, il réunit tous ses principaux adjoints chez lui, pour fêter son premier milliard de fortune personnelle. Il n'y a pas ces jours-ci

1. Gérard Petitjean, « Les grands fauves de la pub », *Le Nouvel Observateur*, 7 janvier 1980.

une agence de publicité qui ne bruisse du nom de Séguéla… ».

Ce bruissement et cette réputation auraient pu ne pas survivre aux années 1980… Ces années où l'acte de vendre des produits de consommation fait pleinement partie de la pop culture et où, aux confins des désirs intimes et sociaux, la pub fait vibrer un point G collectif : gagner. De l'argent évidemment, qui est devenu, telle la Rolls de Séguéla, un supplément d'âme, un signe extérieur d'allégresse.

Mais Jacques Séguéla ne se résume pas non plus à ces années fric. Il fut notamment l'homme de « la force tranquille », slogan de la campagne de François Mitterrand en 1981 et qui est resté dans les mémoires. Il fut aussi l'auteur d'une sortie beaucoup plus récente et plus benoîte sur la « cinquantaine sans Rolex, preuve irréfutable d'une vie ratée », selon notre cicérone national de la publicité.

Séguéla représente donc bien la revanche du nouveau riche, qui assume sa réussite face aux satrapes de la richesse austère, soucieux de cacher cet argent que l'on ne saurait voir… Sa venue à Marnes-la-Coquette n'est donc pas passée inaperçue. C'est en 2002 qu'il achète dans le Parc un hôtel particulier, baptisé L'Ermitage. Il y entreprend de gros travaux avec sa femme, Sophie, qui est décoratrice d'intérieur. Le chantier est fini depuis peu lorsque la maison est revendue. Au cours de ces quelques années, le couple Séguéla s'est malgré tout impliqué dans la vie du village, puisque leurs deux dernières petites filles allaient à l'école de Marnes. Mais en vivant ici, « ils ont donné une connotation un peu différente au village, une connotation qu'on avait plutôt ailleurs, mais pas chez nous », me dira encore la maire de Marnes, Mme Barody-Weiss. Le « ailleurs », c'est Neuilly-sur-Seine ! Ce n'est pas moi qui le dis, mais l'ancien coiffeur du village, que madame la maire a connu, puisqu'il s'était justement installé derrière la mairie : « Il venait de Neuilly et il l'avait clairement remarqué : pour lui, en termes de population et de mentalité, entre les deux communes, c'était le jour et la nuit, y compris pour des personnes qui avaient de très grosses ressources ! » C'est bien cela qui est sous-entendu : Neuilly a ce côté m'as-tu-vu, alors que Marnes est plutôt en résonance avec l'adage « pour vivre heureux, vivons cachés »...

Pourtant, à y regarder de loin, les deux communes, même si leur nombre d'habitants n'a rien à voir (1 700 pour Marnes et 61 000 pour Neuilly), ont bien des points communs : l'une et l'autre représentent une enclave privilégiée installée en lisière de Paris, à peu près de la même superficie (3,5 kilomètres carrés pour Marnes, 3,7 pour Neuilly), où les vieux patrimoines laissent progressivement leur place à l'argent nouveau. Mais disons qu'à Neuilly, le mouvement est déjà bien plus avancé – voire abouti – et il se passe surtout à plus grande échelle. C'est l'écrivain et académicien Marc Lambron qui se livre à une distrayante et caustique description de Neuilly, dans un livre dédié à Nicolas Sarkozy qui fut, on le sait, le grand édile de la ville : pour lui, « les chaisières de l'avenue du Roule ont cédé le pas aux tuyères des 4X4 », et Neuilly est devenue cette « cité ressemblant à un magazine de l'actualité heureuse. La paix civile, les nantis, la jeunesse dorée, les caméras de surveillance, les fêtes de charité. En somme, le modèle monégasque d'une sorte de Monte-Carlo sans casino[2] ». Marnes n'a rien de moné-

2. Marc Lambron, *Eh bien, dansez maintenant*, Grasset, 2008.

gasque, par chance. La commune est restée figée dans son apparence de campagne. À l'œil nu, rien n'a vraiment bougé depuis un siècle. Le village est comme cette salle de danse d'Ettore Scola, le réalisateur du *Bal*, sorti en 1983 : ce film muet retrace l'histoire politique et sociale de la France à travers celle d'une salle de danse, qui est vue par un danseur de salon. Il n'y a pas de parole, la piste de danse ne change pas, au fur et à mesure des années qui passent, c'est uniquement à travers la musique, la lumière, la façon de s'habiller que l'on comprend que le temps s'écoule. Eh bien Marnes, c'est pareil. C'est un décor de cinéma qui ne change pas. On comprend que les années passent à la vue des voitures qui traversent le village et la façon dont les habitants se vêtent…

Alors évidemment, dans cette atmosphère si particulière, Jacques Séguéla, en bon publicitaire des années fric, avec sa dépendance aux formules chocs et autres slogans, détonnerait presque. Et après tout, Séguéla s'en amuse lui-même, lorsque je le rencontre dans son grand bureau vitré du onzième et dernier étage de la tour Havas : « On s'est glissés dans nos chaussons à Marnes, le plus discrètement possible. Mais que veux-tu, c'est normal cette image, je suis un marchand de bonheur ! Je l'assume complètement ! » Un marchand de bonheur qui tutoie très sympathiquement tout le monde, même ceux qu'il rencontre, comme moi, pour la première fois.

En tous les cas, Jacques Séguéla est arrivé à Marnes pour les mêmes raisons que beaucoup d'autres : c'est-à-dire pour vivre à la campagne, tout en étant à la porte de Paris et donc à quinze minutes seulement de son bureau. « Le deux en un », comme il dit. C'est d'ailleurs très précisément au moment où il se sépare de sa maison de campagne que lui vient l'idée de vivre à Marnes : il pense diviser par deux les dépenses… en ayant non plus deux mais une seule maison à entretenir, et qui regroupera ainsi tous les plaisirs, à la fois ceux de la ville et du grand air. Car non, et ce sera son seul démenti : il n'a pas « une vraie vie de très riche ! ». La richesse, pour lui, ce n'est pas une maison bourgeoise à Marnes, c'est un hôtel particulier à Paris ou à Neuilly justement, un yacht, une voiture de sport… Or il n'a rien de tout ça ! « Et puis, contrairement à ce que l'on croit, j'achète mes maisons à crédit ! Je mets 30 %, et la banque a le reste. À Marnes, j'avais un crédit sur sept ans. C'est pour cela que j'ai revendu la maison six ans après, pour rembourser à la banque ce que je lui devais. J'ai fait ça avec toutes mes maisons. Parfois je gagne de l'argent, parfois j'en perds. Et j'essaie d'avancer malgré tout, pour que la dernière maison que j'achèterai, je puisse la léguer à mes enfants sans rien devoir à la banque. »

À Marnes, Jacques Séguéla a réalisé malgré tout une confortable plus-value de plus d'un million d'euros avec sa maison (elle fut achetée 8 millions et revendue 9,5 millions). Une plus-value qui lui a très certainement permis de se lancer dans un nouveau projet : la restauration d'un manoir du côté de Deauville.

Entendre Jacques Séguéla me parler de sa vie dans le Parc de Marnes, c'est l'accompagner pour une dernière promenade dans ce lieu. J'y recroise les personnages de mes précédents chapitres. J'en profite pour leur dire au revoir, au moment d'attraper encore, sur le pas de leur porte, quelques dernières petites confidences et anecdotes. C'est sans regret, car il faut bien partir. Laisser ce microcosme de privilèges auquel je n'appartiens pas et qui, dans sa version contemporaine, ne m'attire pas vraiment non plus. Mon guide pour cette ultime promenade, Jacques Séguéla, a le sens de la narration, ce qui rend cette dernière déambulation bien agréable. Regardons une dernière fois avec lui les maisons du Parc…

« Hugues avait une vraie maison d'artiste, inhabitable pour un bourgeois ! Mais géniale ! Elle lui correspondait complètement… en étages, tarabiscotée, avec des tableaux partout, de la musique dans tous les recoins, un studio en dessous. Johnny, en revanche, c'était une maison de star hollywoodienne ! Avec un immense piano, un home-vidéo de milliardaire, une pièce entière dédiée à ses guitares. Ma maison, quant à elle, était une maison de famille. Une bâtisse rectangulaire, avec une façade blanche. Un grand jardin, deux chiens. Avec beaucoup de féminité aussi, car Sophie s'est occupée de la décoration. Une maison très confortable, de style Napoléon III, avec des vrais meubles d'époque, une grande cheminée, une très belle bibliothèque en sous-sol. Une maison studieuse. J'avais un grand bureau au premier étage, j'ai écrit deux livres là-bas. Je travaillais tous les samedis et dimanches. La maison de Maurice Chevalier, proche de la mienne, elle, est un chef-d'œuvre pour moi ! C'est la plus parisienne des maisons, dans son style années 1930. Le jardin est immense, limitrophe de la rue, donc tu peux t'échapper très vite, contrairement aux maisons à l'intérieur du parc. »

Et s'échapper est rapidement devenu un sujet pour Jacques Séguéla...

« J'aimais Marnes pour le calme. Je n'ai jamais fait autant de vélo et de natation de toute ma vie... mais c'était le calme jusqu'à l'enfermement ! À la fin, cela devenait *Prison Break* ! C'est pour cela qu'on s'est échappés. Quand tu traverses le Parc, il n'y a jamais personne. J'allais y promener mon chien et il n'y avait pas âme qui vive ! Si je croisais quelqu'un pour dire bonjour, cela devait arriver une fois par mois à tout casser ! On était la seule maison habitée dans le pâté de cinq autour de nous ! On n'a pas trouvé dans ce parc la gaieté que l'on imaginait. Et en plus, on se retirait peu à peu de la vie culturelle et sociale de Paris. Comme le Parc fermait le soir, il fallait rentrer avant minuit ! À l'époque, c'était comme ça. Le seul moment joyeux, c'était le dimanche à midi : on invitait les copains, les Parisiens. C'était la partie de campagne pour eux. À quinze minutes de chez eux. Et donc ça, c'était le bonheur. Mais c'est drôle comme toute fête dans le Parc avait toujours un côté seigneur du village qui reçoit pour festoyer ! »

Des fêtes et des dîners, justement, avec Hugues Aufray ou Johnny, il y en eut quelques-uns. Il faut dire que tout ce petit monde vivait en bon voisinage. Hugues Aufray et Jacques Séguéla, quand ils étaient jeunes, étaient amoureux de la même femme, la fille de Jacques Goddet[3] ! Jacques Séguéla avait 25 ans. Il venait d'arriver à Paris, au journal *L'Équipe*. Cette fille était superbe ! Et Hugues Aufray était son chevalier servant. Ce dernier était déjà connu, ce qui découragea notre apprenti journaliste, pas de taille à lutter. Mais cela n'entama pas la sympathie de Jacques Séguéla pour le chanteur, dont il a toujours été fan et qu'il retrouve avec plaisir à Marnes-la-Coquette. Ils n'avaient, l'un ou l'autre, qu'à traverser la route pour se retrouver. Seule la maison de Maurice Chevalier les séparait. Les moments partagés étaient très chaleureux et informels… L'atmosphère était celle des

3. Né en 1905 et décédé en 2000, Jacques Goddet fut un mythique journaliste sportif, fondateur notamment de *L'Équipe*. Il fut également directeur du Tour de France de 1936 à 1987.

« copains d'abord », comme me le dit Jacques Séguéla, qui précise aussi que, dans le Parc, « Hugues était le paysan du groupe ! Il descendait au village… les autres, jamais ! ».

Avec Johnny, les choses sont différentes. La relation est moins tendre. « Mais Johnny, c'est comme un président de la République ! Même si tu as connu un président avant qu'il entre à l'Élysée – ce qui m'est arrivé plusieurs fois –, le seul fait qu'il devienne le premier personnage de l'État change les rapports que tu as avec lui. Pour que les rapports redeviennent intimes, il faut du temps, il faut qu'il n'y ait personne d'autre… et avec des présidents, comme avec Johnny, gagner cette intimité n'est pas facile. Et pourtant, je le connaissais depuis des années ! J'avais 30 ans, et lui en avait 20 ou 25, quand on s'est rencontrés pour la première fois : j'organisais alors un concert pour lui sur une plage, dans le Sud. »

Jacques Séguéla n'a pas besoin de se vanter, il le dit donc avec simplicité : il n'a jamais fait partie du premier cercle de Johnny. Mais cela ne les empêche pas de se voir à Marnes, en voisins. Ils s'invitent de temps en temps. Un dîner a particulièrement marqué Jacques Séguéla. Il a lieu à La Savannah, chez les Hallyday. C'est

Laeticia qui invite le couple Séguéla, leur parlant d'un dîner de famille : « Venez, vous n'en reviendrez pas ! » Jacques et Sophie traversent donc leur jardin, puisque la maison de Johnny est en face, à 20 mètres, et ils découvrent, en effet, ébahis, les trois femmes de Johnny réunies, Sylvie Vartan, Nathalie Baye et Laeticia, ainsi que tous les enfants. « Un dîner formidable. » Jacques est assis à côté de Johnny, il lui glisse à l'oreille :

« Tu es heureux…

— Tu ne peux pas savoir mon bonheur, et je ne remercierai jamais assez Laeticia d'avoir réuni toute ma famille, tous mes enfants autour de moi. C'est une nouvelle vie qui commence ! »

(Une nouvelle vie qui a mal fini, dans la bagarre la plus âpre autour d'un héritage, mais qui a quand même duré un peu…)

Et puis, quelques années plus tard, à Paris, vient cette algarade entre Jacques Séguéla et Johnny. À cause d'une lettre. Les Hallyday vivent aux États-Unis depuis quelques années et Johnny annonce son retour en France, avec un grand concert pour ses 60 ans. Un énorme spectacle. Jacques Séguéla, en bon communicant, lui écrit pour lui dire que les journalistes l'attendent au coin du bois : « Si tu reviens, il faut que tu aies changé ! » Cette lettre est rédigée avec beaucoup de tendresse, mais Johnny la prend mal. Jacques Séguéla témoigne : « Son manager a failli me tuer. Cette lettre est devenue une affaire d'État... Johnny était très solitaire dans le fond, du moins très regardant sur ses amis et méfiant vis-à-vis de ceux dont il pensait qu'ils voulaient se mêler de sa vie. Et puis le temps a passé sur cette méprise et Johnny m'a dit, longtemps après : "Je t'en ai beaucoup voulu sur le coup, mais tu avais raison. J'ai changé mes compositeurs, mes tenues de scène, tout en gardant le côté rock..." Du coup, nous avons dîné à nouveau ensemble, même si on s'est moins vus après notre départ de Marnes. Et lui était souvent aux États-Unis. »

Mais Jacques Séguéla n'ira pas aux obsèques de Johnny : « Je suis à un âge où je ne vais plus aux enterrements, parce que je me dis que je suis le suivant sur la liste. Donc c'est barré sur mon agenda, même pour les personnes les plus chères. »

Serait-ce la fin de ma promenade, qui se terminerait, avec ces paroles, par une lumière hivernale ? Jacques Séguéla, poliment, s'excuserait presque, en marchant avec moi quelques pas encore, d'avoir causé tant de tort à Marnes, en mettant malgré lui un projecteur sur ce petit village… Même si ce projecteur, me glisse-t-il pertinemment, n'était qu'une faible lanterne : « Le vrai phare, ce n'était pas moi, c'était quand même Johnny. Et surtout le mariage de Nicolas et Carla, car la dernière famille de Nicolas Sarkozy est née ici, quand même, ce n'est pas rien ! »

Nous allions donc partir sans évoquer ce que la France a vécu de plus romanesque en politique depuis plusieurs décennies et qui a pris sa source ici, à Marnes-la-Coquette ! Marc Lambron, encore lui, est celui qui le raconte le mieux, et je ne veux pas me priver de son humour pour rappeler, à ceux qui l'auraient oublié, ce que l'arrivée de Carla dans la vie de celui qui était à l'époque président de la République, a provoqué dans la France entière, notamment après leur première promenade publique en tourtereaux à Eurodisney : « Le tam-tam, le raffut, l'envoûtement, la déflagration furent telluriques. Des apparitions de madones ont déjà eu lieu dans des grottes. Il est sans précédent qu'elles adviennent dans celle des pirates des Caraïbes. À Eurodisney, entre le fromage et la souris, sur cette rivière souterraine où l'on est assailli par des boucaniers patibulaires, des forbans avec boucles d'oreille et fiasques de rhum, sur ce Styx qui mène à l'île de la Tortue, quel Johnny Depp conduisait soudain sa Keira Knightley vers le coffre du capitaine Kidd, plein de couronnes et de doublons ? Pirates des Caraïbes ? Mais oui, c'était le terrible corsaire Sarko, bandeau sur l'œil et sabre d'abordage au flanc. La nymphe se prénommait Carla, et elle avait navigué sur plusieurs mers, même si sa mère la chaperonnait[4]. »

Mais avant la promenade à Eurodisney, et cette exhibition organisée pour rendre public, souvenez-vous, ce fameux « avec Carla, c'est du sérieux », il y eut la rencontre, le coup de foudre, dans un cadre confidentiel et amical, à Marnes-la-Coquette. Et nul besoin de téléobjectif de paparazzi pour (re)vivre très exactement, quasiment minute par minute, ce moment… celui où un président en exercice trouve sa nouvelle muse.

Mais l'histoire mérite encore un petit retour dans le temps.

Nicolas Sarkozy fut donc le premier président de la République divorcé. Son ex-épouse, Cécilia, l'avait accompagné de défaites en succès politiques pendant près de vingt ans et voilà

4. *Ibid.*

qu'elle le quitte, au pied de l'Élysée, où elle ne s'installera jamais.

Un communiqué de presse annonce cette séparation, « sans aucun commentaire », le 18 octobre 2007, soit cinq mois à peine après l'élection de Nicolas Sarkozy. La nouvelle ne surprend personne. Les indices n'ont pas manqué. Cécilia enchaîne les absences, négligeant ses devoirs de première dame… À chaque fois, des excuses sont trouvées pour sauver les apparences et calmer la curiosité des médias.

Et puis voilà, la séparation officielle arrive et met fin à la légende d'un couple fusionnel.

À peine élu, Nicolas Sarkozy se retrouve donc célibataire. Une première pour un président de la République. La situation ne lui plaît guère. Mais comment faire ? Il se confie à une amie : « Je referai ma vie et je rebondirai au plus haut ! » Une fois ce souhait exprimé, sa mise en œuvre devient très compliquée. Comment accrocher le regard d'une femme, comment la séduire ? Comment, tout simplement, libérer le temps nécessaire à cette conquête amoureuse lorsqu'on est président de la République ? Une fonction qui vous demande toute votre concentration, votre énergie et votre temps, et où le précipice menace toujours. Comment affronter ce sacerdoce seul, sans une femme à ses côtés ?

Nicolas Sarkozy appelle ses amis, leur fait part de sa difficulté à vivre seul. Il est franc : « Je ne peux pas sortir de l'Élysée, parce que si je donne rendez-vous à une femme dans Paris, elle fera la une des magazines people le lendemain. Et si j'invite quelqu'un ici, c'est *Le Canard enchaîné* qui dira demain qu'une femme s'est installée à l'Élysée ! Je suis muré là. Je travaille jusque très tard le soir, je monte dans ma chambre pour regarder dix minutes les infos et je me lève à 5 heures du matin pour travailler, et ça, tous les jours… Je ne tiens plus. » Michel Drucker passe voir le président, en ami et voisin, à la sortie du studio Gabriel qui jouxte l'Élysée et où il enregistre ses émissions. Il tente de lui remonter le moral, certaines femmes lui sont présentées. D'autres sont presque carrément castées, par Nicolas Sarkozy lui-même. Des noms et des rumeurs sur la vie de bagatelle du président se mettent à courir, de rédaction en rédaction de journaux. On s'intéresse et on s'amuse à la fois de ces *small talk*, qui sont autant de petits potins parisiens qui passent d'une rive à l'autre, selon le profil des supposées conquêtes ou petites amies.

Tantôt journaliste, tantôt actrice. Cette situation est inédite, mais tellement naturelle... Nicolas Sarkozy est certes président de la République mais, comme la majorité des hommes, il ne veut pas rester célibataire.

Voilà donc comment est organisé un dîner, fin novembre 2007, à Marnes-la-Coquette. Les événements de cette soirée portent en eux tellement de félicité romanesque qu'ils sont presque formatés pour le cinéma.

Jacques Séguéla reçoit, ce soir-là, dans sa maison. Lui aussi a voulu distraire son ami... et le faire chanter aussi d'ailleurs, car le président adore ça. Julien Clerc est donc le premier invité sur la liste. Puis notre hôte pense ensuite, parce qu'ils ont réalisé ensemble un album, à Carla Bruni. Rien n'est alors prémédité, Jacques Séguéla le jure. Mais le dîner, en ce mois de novembre 2007, n'est pas joué, loin de là... car on doit même convaincre Carla de venir. Sa réaction première est, en effet, un refus : « Dîner avec ce président de droite, jamais ! » « Tu te trompes sur lui, il va te séduire en vingt minutes ! », insiste Jacques Séguéla. Carla finit par accepter, ne serait-ce que pour voir son ami Julien Clerc qu'elle adore (mais qui annulera sa présence, malheureusement, quelques jours plus tard).

De son côté, Nicolas Sarkozy appelle son ami publicitaire, le week-end précédant le dîner, pour lui demander, à son tour, la liste des invités : le philosophe et ancien ministre, Luc Ferry, sera également là avec son épouse, Caroline – parce qu'on souhaite « donner un peu de hauteur à ce dîner » –, ainsi que Péri Cochin, animatrice et productrice de télévision, accompagnée de son mari, architecte. Et lorsque Nicolas Sarkozy apprend que Carla Bruni sera présente, un blanc s'invite dans la conversation... un blanc qui se termine par cet aveu : « C'est la femme que je rêve de rencontrer ! » Séguéla s'amuse, il exulte même, se jette à nouveau sur son téléphone, dès son échange terminé avec Nicolas Sarkozy, pour appeler l'intéressée et lui faire part de cette réflexion éminemment flatteuse. Ancien mannequin, Carla a l'habitude des compliments et surtout de l'effet qu'elle produit... Elle répond : « C'est moi qui vais le séduire en vingt minutes ! » Mais tout cela n'est encore qu'un amusement entre amis sans conséquence.

La date du dîner arrive. On se réunit pour l'apéritif dans le salon, autour d'une grande cheminée. Carla Bruni arrive la première, en compagnie des Ferry qui sont passés la chercher. Il faut dire que le philosophe et la chanteuse se connaissent depuis longtemps, et même intimement, puisqu'ils ont partagé une petite affaire de cœur il y a quelques années, qui s'est terminée, comme cela arrive parfois, par une belle amitié.

Le chef de l'État se fait attendre et arrive en dernier.

Dans son livre *Passions*, paru en juin 2019, Nicolas Sarkozy confie ce petit détail amusant sur son arrivée à Marnes : « Carla me demanda, en guise d'introduction, si je venais "de la Lucarne". Je répondis, interloqué : "Vous devez confondre avec la Lanterne, qui est la résidence de campagne du président." Nous éclatâmes de rire. » Le charme de Carla avait déjà opéré : « Je fus saisi par son élégance, sa grâce et sa gentillesse simple et vraie. C'est peu dire que le courant passa entre nous dès la première seconde. »

Il fallut pourtant attendre avant de faire plus ample connaissance. Le président fut très vite interrompu par la sonnerie de son portable. Au bout de la ligne, le patron de la CGT, Bernard Thibault. La France est alors aux prises avec la grève des transports contre les régimes spéciaux de retraite.

Nicolas Sarkozy revient parmi les convives après un long aparté et le jeu de séduction commence alors. C'est Carla, paraît-il, qui mène le premier assaut et demande au président s'il ne l'espionne pas depuis sa résidence d'été au Fort de Brégançon, qui se trouve face à la maison familiale des Bruni-Tedeschi perchée sur le cap Nègre.

« Vous me prenez pour Chirac ?

— Non, je fais la différence. »

Très vite le chef de l'État et la chanteuse passent au tutoiement. Carla se saisit alors du téléphone portable de Nicolas Sarkozy et supprime de son répertoire toutes les femmes. Elle s'amuse, avec un petit commentaire sur chacune. Et le président commence à voir son carnet de contacts se dissoudre, sous le coup de l'humour et de la beauté de Carla. Le jeu s'interrompt, un syndicaliste appelle de nouveau. Nicolas Sarkozy revient, il est déjà 21 heures, nos hôtes proposent de dîner. Le plan de table ne plaît pas au chef de l'État, qui s'autorise à dire à Sophie Séguéla, assise à côté de Carla : « Je vais être très impoli, mais j'ai besoin de murmurer deux ou trois choses à cette jeune femme. » Il déplace sa chaise, se rapproche de Carla, se penche vers elle et commence à lui parler à l'oreille. Personne, autour de la table, n'entend ce qu'il lui dit.

« Nous sommes tous là, médusés. Et puis, à un moment donné, le ton monte, parce que c'est fatigant de murmurer et nous entendons tous qu'ils se racontent leur vie. Nous vivons un coup de foudre en direct. Nous en sommes spectateurs. »

Le président s'enflamme donc, sous les yeux de quelques témoins seulement, à l'écart encore du reste de la France.

Les échanges sont tournés vers l'avenir, comme si toute leur histoire s'écrivait ce soir-là, à Marnes-la-Coquette :

« Tu sais, Carla, je ne suis pas un cadeau, prévient le locataire de l'Élysée. J'ai eu un dîner, d'ailleurs sans conséquence, avec une journaliste de télévision. Le seul présent que je lui fis, à mon corps défendant, fut une meute de paparazzis affamée de scoops.

— En matière de peopolisation, tu es un amateur, réplique Carla, absolument pas démontée. Mon histoire avec Mick Jagger [le leader des Rolling Stones] a duré huit ans, qui ont été huit ans de clandestinité. »

Le président pense déjà à l'été prochain :

« Le 1er juin, tu vas chanter au Casino de Paris, ce soir-là, je serai au premier rang et nous annoncerons nos fiançailles.

— Des fiançailles ? Jamais. Je ne vivrai désormais avec un homme que s'il me fait un enfant », se défend Carla Bruni.

Et le président de répondre :

« Question enfants, j'en ai déjà élevé cinq, pourquoi pas six. Je suis le Français le mieux équipé pour cela : j'ai un médecin de garde à mes côtés vingt-quatre heures sur vingt-quatre. »

Jacques Séguéla avait demandé à Carla d'apporter sa guitare. Elle ne l'a pas fait. Redoutant ce refus, il avait en cachette confié à son chauffeur la mission d'aller récupérer l'instrument de musique chez elle : « Tu la prends et tu la planques ! » Il se trouve que Jacques Séguéla connaît bien la maison de Carla Bruni dans le XVIe arrondissement de Paris... et pour cause : il l'a habitée avant elle ! « Carla était très amoureuse de cette maison, que je louais. Je la lui ai donc laissée au moment où j'ai décidé d'acheter. »

À y regarder de près, et si nous quittons un instant la chronique de cette soirée, cette dernière information ne manque pas d'intérêt. Est-ce un hasard si Nicolas Sarkozy et Carla Bruni se rencontrent ici, à Marnes, chez Jacques Séguéla ? Certes, rien n'est plus banal que de faire démarrer une histoire amoureuse chez des amis communs qui ont eu la bonne idée de vous présenter. Là n'est pas le point le plus saillant. Celui-ci se trouve dans les lieux et leur signification : Carla et Nicolas vivent aujourd'hui Villa Montmorency, dans le XVIe arrondissement de Paris, un lieu dont j'ai déjà parlé pour ses caractéristiques identiques au Parc de Marnes-la-Coquette ; et le couple passe ses vacances au cap Nègre, sur la côte varoise, au sommet d'un promontoire rocheux ; là encore, un lieu fermé par un portail d'accès, qui renferme villas et belles demeures, à l'abri des regards et du tout-venant… C'est donc cela, la vie ordinaire des familles fortunées : passer d'un lieu fermé et sécurisé à un autre, d'une belle citadelle à une autre, avec toujours le même entre-soi.

Un entre-soi qui va jusqu'à l'échange de maison (ici entre Jacques Séguéla et Carla Bruni) et qui forme naturellement, par consentement mutuel et tacite, un vrai corps de société à part entière, et dont le pilier majeur est l'argent.

Cet argent peut venir d'horizons divers, prendre différentes formes, peu importe : il rassemble et fait chanter, sur le même air, différentes tonalités. Et pour filer la métaphore musicale, on peut même penser que Carla Bruni, à elle toute seule, fait merveilleusement chanter ensemble toutes ces tonalités. Elle représente en effet l'excellente synthèse de deux précipités de richesse : les vieux bourgeois d'un côté et les nouveaux bobos de l'autre. Les premiers peuvent être conquis par la patricienne italienne venue d'un castel du Piémont, à même de séduire toute l'aristocratie européenne par sa bonne éducation et sa finesse d'esprit ; et la deuxième corporation peut « kiffer » la chanteuse qui gratte de la Gribson, fait la couverture des *Inrockuptibles* et met des rock stars mondiales à ses pieds, comme Eric Clapton ou Mick Jagger. Anciennes et nouvelles fortunes, bourgeoisie ou showbiz, Carla ne choisit pas son camp, elle les rassemble et les réconcilie.

Et d'une certaine façon, ce dîner à Marnes chez Jacques Séguéla les rassemble aussi. Dîner dont il nous faut encore raconter le dernier acte. La guitare de Carla a donc été apportée en cachette. Jacques Séguéla, après le dîner, la sort et dit à Carla : « Tu es obligée, maintenant, de faire une aubade au président. »

« Les yeux dans les yeux, elle lui chanta une chanson… Nous n'existions plus. »

Rentrée à son domicile, à 2 heures du matin, où elle fut déposée par le président, Carla rappelle son hôte : « Quelle intelligence, quelle attention, quelle séduction, mais Nicolas est quand même curieux, je lui ai laissé mon numéro, il ne m'a pas encore appelée ! »

Jacques Séguéla sourit : « Il l'avait quittée cinq minutes plus tôt… »

Une fois seul dans sa voiture, Nicolas Sarkozy appelle également son ami publicitaire pour le remercier. Ce dernier, bien curieux de ce qui lui a échappé, demande au président ce qu'il a chuchoté à l'oreille de la chanteuse au tout début du repas : « Je lui ai dit : "Carla, es-tu capable à cet instant, devant tout le monde, de m'embrasser ?" »

« Ils étaient programmés l'un pour l'autre », conclut Jacques Séguéla.

La légende de ce dîner veut aussi que Nicolas ait glissé à l'oreille de Carla : « Tu verras, nous ferons mieux que Marilyn et Kennedy. »

Il tint sa promesse. Sûr de ses sentiments, Nicolas Sarkozy raconte dans son livre qu'il déclara à Carla, alors qu'il la connaissait depuis moins d'une semaine, qu'il voulait l'épouser.

Trois mois après leur rencontre, le 2 février 2008, ils se mariaient.

Fin de l'histoire. Et donc de la promenade pour moi.

Jacques Séguéla me quitta en m'écrivant cette dédicace sur son dernier livre[5] : « Que les Marnoises et les Marnois me pardonnent de les avoir déçus. Je vais revenir, un jour, pour me réhabiliter. »

5. Jacques Séguéla, *Le diable s'habille en GAFA*, Coup de gueule, 2008.

Chapitre 9

Alléluia ! et Dieu vous le rendra

Il commence à être loin le temps où Marnes-la-Coquette fut un village, un authentique village… Avec ses bistrots et buvettes – jusqu'en 1960, on en comptait encore quatre –, où l'on pouvait jouer aux cartes et parler fort sans ennuyer ses voisins. Avec son entraide et ses petits services que chacun se rendait au quotidien, que ce soit pour un conseil ou un coup de main à donner. Avec ses grandes familles qui, sur trois générations, enfants, parents, grands-parents, vivaient sous le même toit. Avec toutes ses fêtes communales, où l'on ripaillait, buvait et chantait. Avec ses notables, parmi lesquels figuraient encore le maire, l'instituteur, le curé. Avec ses traditions, comme celle d'être présents et nombreux aux obsèques de celui qui partait, pour témoigner à la famille du défunt qu'il était l'un des leurs. Avec ses marginaux aussi, que tout le monde connaissait et aimait bien. Avec ses discussions entre voisins qui allaient bon train, grâce notamment aux chaises qui sortaient des maisons et s'alignaient sur le trottoir. Cette même époque où la traversée du village prenait du temps, parce qu'il fallait s'arrêter et saluer chacun.

Le fait est que tout cela a disparu au milieu des années 1980.

Je ne navigue pas toute seule dans cette nostalgie, rassurez-vous. Je ne fais qu'évoquer tout ce que les anciens du village m'ont raconté, au cours de ma pérégrination à leurs côtés pour écrire ce livre.

Morgane est peut-être la doyenne du village de Marnes. Je déjeune avec elle au café des Deux-Magots, à Saint-Germain-des-Prés, en novembre 2018. La veille de notre rendez-vous, Morgane a eu 93 ans et je la sentais heureuse à l'idée d'aller fêter avec moi cet anniversaire dans un quartier qui fut important dans sa vie. Avant d'arriver à Marnes, Morgane a en effet vécu et travaillé à quelques rues des Deux-Magots, pendant vingt-deux ans. Toutes ces années, elle les passa auprès d'une femme dont le nom ne parlera plus aux jeunes générations, mais qui fut un grand personnage de la haute couture dans les années d'après guerre : Mme Grès. Morgane commença de travailler auprès d'elle comme simple assistante – elle avait 18 ans et venait de Saint-Malo. Elle finira par diriger sa maison de couture, en l'aidant notamment à faire connaître ses collections dans le monde entier et à créer un parfum qui existe toujours : Cabochard. Une dispute éclate entre les deux femmes, après ces vingt-deux années de collaboration, au sujet d'une secrétaire. Morgane a 40 ans, elle démissionne et claque la porte de la maison de couture. La séparation est douloureuse, car une amitié réelle s'était installée entre les deux femmes. Et puis Morgane avait tout donné à son travail, sans jamais se marier. Peut-être fallait-il d'ailleurs cette rupture professionnelle pour qu'elle y songeât... puisque c'est à ce moment-là qu'elle rencontra celui qui allait devenir son mari. « Il était ingénieur, c'était un grand bourgeois d'autrefois. J'aimais sa distinction. J'avais 40 ans quand il me demanda en mariage. Il était veuf et avait quatre enfants. Une nourrice à demeure s'occupait d'eux, ainsi que d'autres domestiques. Nous avions quinze ans de différence. »

Morgane quitta alors son VIe arrondissement, qu'elle avait tant aimé, pour venir s'installer auprès de son mari qui possédait une maison dans le Parc de Marnes (où il n'a jamais vécu), une maison à Nogent (pour y passer des week-ends avec ses enfants et faire du bateau), une maison à Sèvres (où il vivait avec ses enfants, encore petits, tout au long de l'année) et un petit immeuble sur la place de la mairie de Marnes (où s'installa Morgane après leur mariage, dans les étages supérieurs. Son mari la rejoindra un peu plus tard dans cet appartement, à l'adolescence de ses enfants).

Nous sommes en 1965, au cœur des Trente Glorieuses. Au bas de cet immeuble, se trouve encore une épicerie-buvette. Morgane me raconte les tables mises dehors et l'ambiance joyeuse qui règne. Et puis la buvette ferme, le local est à vendre. Son mari le rachète sans trop savoir quoi en faire... Un jour où ce dernier se plaint du prix d'un garde-meuble où est entreposée une partie d'un héritage familial, Morgane lui suggère d'utiliser ce rez-de-chaussée de boutique, resté vide, et dont il est propriétaire, pour y mettre tous ces meubles et autres tableaux de famille. Et voilà comment tout commence, en 1967 : « Les gens du village, en voyant les meubles arriver, ont dit : un antiquaire s'installe là ! J'ai alors suggéré à mon mari : pourquoi ne pas leur donner raison ? au fond, on pourrait faire cela le week-end ! Voilà comment nous avons démarré notre activité d'antiquaires, de façon totalement inattendue, et avec des meubles de famille ! Mais au début, on ne connaissait pas la valeur des choses. On a vu arriver tous les marchands de Paris, qui ont profité de notre ignorance de débutants pour nous acheter nos meubles à bas prix... Et puis, on s'y est mis sérieusement, en créant un salon-salle à manger dans la boutique ! Ma clientèle venait surtout de Paris. Elle allait se promener dans le parc de Saint-Cloud et descendait jusqu'au village. Les gens venaient aussi se marier à Marnes, il y a eu une mode... J'étais la première antiquaire, deux autres allaient suivre ; au départ, ils venaient chiner chez moi, c'est comme cela qu'ils ont découvert le village. Lorsqu'ils se sont installés, nous avons fait à trois une grande fête sur la place de la Mairie. Nous avons invité tous ceux que nous connaissions. Et Mme Grès est venue, j'étais heureuse, ce fut une belle réconciliation. »

En écoutant Morgane, je me remémore ces films tournés à Marnes-la-Coquette qui célébraient, à leur façon, le village... C'est le mariage, à la mairie de Marnes, de « Poupette », l'arrière-grand-mère de Sophie Marceau dans *La Boum*. Nous sommes au tout début des années 1980 et l'actrice Denise Grey, qui joue Poupette, n'est pas loin de me faire penser à Morgane aujourd'hui. C'est aussi Claude Lelouch qui se servit du décor et de l'atmosphère si particulière de Marnes pour l'un de ses films, *Il y a des jours… et des lunes*, dans lequel le beau curé de Marnes dit adieu à son amant l'antiquaire…

Morgane continue de me raconter, justement, ses années d'antiquaire : « On avait des clients importants. Un ambassadeur venait à la boutique tous les samedis matin, avec son chauffeur, m'acheter un cadeau pour les amis qu'il rejoignait dans le Parc le week-end. Et toute la semaine, je me demandais ce que j'allais bien pouvoir lui trouver ! Jean Marais venait aussi, de temps en temps, et était absolument délicieux. On se voyait aussi à l'épicerie, derrière la poste, vers 6 heures du soir. Nous faisions nos courses ensemble, à la même heure. C'est Christiane Minazzoli, une actrice de théâtre célèbre, qui a racheté sa maison quand il est parti. Et Danielle Darrieux passait dans la boutique tous les jours. Cette silhouette… Elle avait souvent des jupes plissées qui tournaient autour d'elle. Elle avait un charme fou ! »

Morgane me parle de l'époque actuelle, sans même que j'aie besoin de l'interroger. Le regard s'éteint un peu : « Aujourd'hui, on ne fait plus ces grandes fêtes sur la place de la Mairie. C'est fini. Et on ne se connaît plus à Marnes. Avec les anciens, on continue à se voir, mais beaucoup moins depuis la fermeture des Hirondelles. Moi, j'allais là-bas tous les lundis. J'y retrouvais les mêmes. Il y avait la table ronde, où les habitués s'installaient ensemble. À La Tête-Noire, on ne connaît personne… »

Eh oui, le Marnes de La Tête-Noire n'est pas celui des Hirondelles. Et d'ailleurs son propriétaire ne ressemble en rien à notre chère Maryvonne : c'est un businessman à forte corpulence, qui roule en grosse Mercedes (à moins que ce soit en BMW… mais quelle différence). Il est à la tête d'une chaîne d'établissements répartis sur plusieurs communes alentour, dont Versailles, et est connu sur cette commune pour ses méthodes peu confraternelles avec ses concurrents. Mais on ne fait pas des affaires en étant enfant de chœur, me direz-vous.

Les habitants de Marnes ont évolué, on l'a vu, au fil du temps, pour présenter aujourd'hui un vrai continuum social et économique. Plus simplement, le village est devenu très majoritairement celui d'une élite fortunée. Celle-ci se sent dorénavant la gardienne d'un cadre de vie devenu exceptionnel, et a tendance à développer sur chaque parcelle du village une espèce de droit de regard et de contrôle, pour que celui-ci reste bien protégé, sans contamination extérieure. Une comparaison me vient : celle d'une plage privée, abritée dans une magnifique crique de la Méditerranée, que les habitués veulent maintenir à l'abri des regards et de la foule des estivants ! Marnes-la-Coquette, avec les années, a naturellement développé une tendance au repli et donc, parfois, à l'inhospitalité.

Ne me suis-je pas entendue dire un jour, par une femme, sur un ton autoritaire, alors que je stationnais ma voiture dans une petite rue du bourg : « Vous n'avez pas le droit de vous garer ici. C'est une rue privée. Partez immédiatement ! » Drôle d'interpellation lorsque l'on sait – et c'était mon cas ! – que cette rue appartient sans le moindre doute au domaine public. Interpellation, en tous les cas, révélatrice d'un état d'esprit qui s'est répandu peu à peu dans cette localité où l'on aimerait presque pouvoir « adouber » ceux qui viennent s'y promener et s'y installer.

Une ségrégation qui serait en fait devenue la planche de salut d'un village qui aurait perdu sa bienveillance d'antan…

Mais Marnes-la-Coquette avait-elle le choix ? Pas vraiment non plus. Il suffit de regarder ce qui se passe ailleurs en France. Les villages souffrent jusqu'à l'asphyxie d'une organisation des territoires de plus en plus macrocéphale… Du nord au sud, peu de collectivités villageoises ont pu résister à cette centralisation excessive des activités et des services. C'est la disparition des « petites patries » de France (celles, souvenez-vous, que Jules Ferry demandait aux instituteurs d'enseigner à leurs jeunes élèves pour les leur faire aimer, justement, et développer ainsi, chez ces tout jeunes gens, l'amour de la « grande patrie »).

Certains vous diront – on les qualifie parfois de souverainistes – que c'est pour cette raison que la France est en crise. D'autres répondront que cette vision des choses est caricaturale et que la France, dans sa modernité et sa croissance, n'a été vidée ni de sa substance ni de son identité. Et ils vous diront aussi peut-être qu'il suffit de donner un petit « coup de pouce » pour que la revitalisation des villages et des bourgs reparte. Dans son catalogue de mesures pour la ruralité, le gouvernement d'Emmanuel Macron a, par exemple, décidé d'encourager la réouverture des cafés grâce à la licence IV (obligatoire pour la vente d'alcool), dont le nombre a été revu à la hausse et la réglementation assouplie. La licence IV comme réponse à la 4G… car n'est-ce pas ce qui s'est passé ? À force de pouvoir communiquer en temps réel avec le monde entier et de sacrifier tant de temps aux impératifs des réseaux sociaux, la sociabilité traditionnelle ne s'est-elle pas évanouie ?

Mais peut-être que la révolte des ronds-points et la « colère jaune » qui a parcouru la France en 2019 ont justement été le ralliement de ces habitants délaissés sur des territoires disloqués.

Dans ce nouveau monde, en tous les cas, le « village » de Marnes-la-Coquette a tiré son épingle du jeu : sa localisation proche de Paris l'a en effet sauvé, en permettant à cette élite fortunée de venir se barricader là (contre la misère qui, elle, est allée se ghettoïser de l'autre côté du périphérique). Mais cette survie ne fut-elle pas aussi – magnifique oxymore ! – une petite mort ? Car Marnes, je l'ai déjà mentionné, ne forme plus vraiment, comme ce fut le cas dans le passé, une « communauté ».

À l'exception, il est vrai, de quelques soubresauts qui nous replongent, trop rarement dans l'année, dans le passé du village. Je pense, par exemple, à la fête de la Saint-Jean, au mois de juin. Cette fête, de mémoire de Marnois, a toujours existé. Elle a vocation à rassembler tout le village sur la place de la Mairie, autour d'un grand feu de bois qui, lorsqu'il s'éteint la nuit venue, laisse la place à un impressionnant feu d'artifice. Une fanfare, accompagnée des enfants du village et de leurs lampions, fait le tour du bourg, et chose devenue exceptionnelle avec le temps et la fermeture à double tour du Parc privé, pénètre dans celui-ci pour le traverser en toute liberté. Les portes du Parc se referment évidemment très vite dès la fanfare partie ! Trente minutes à peine au cours desquelles l'endroit se réconcilie donc avec le village d'autrefois. Un laps de temps bien trop court pour laisser une empreinte. De toute façon, allez savoir pourquoi, depuis quelques années, ces fêtes n'ont plus la même saveur. Aujourd'hui, à la Saint-Jean, on déambule, on se croise, on se regarde mais on ne se parle plus. Ce n'est pas moi qui le dis mais une nouvelle fois, tous les anciens du village. Et en 2018, l'impensable s'est produit : le grand feu de bois qui illuminait toute la place de la Mairie, depuis des siècles, a disparu ! On m'a expliqué que si l'on avait dû renoncer à cette tradition, c'était afin de ne pas abîmer, avec la chaleur dégagée par le feu, le bitume de la place… Voilà comment le passé s'évanouit, l'air de rien, sous couvert de bonne gestion des deniers publics ou, mieux encore, de préoccupation environnementale. On coulera, en effet, moins souvent un nouveau bitume sans feu de la Saint-Jean ! Un feu qui ne reviendra probablement jamais, tout comme a déjà disparu le concert d'Hugues Aufray et surtout la foule, car la fête de la Saint-Jean ne déplace malheureusement plus autant de villageois qu'hier.

Je me demande parfois si ces dernières initiatives festives du village ne sont plus maintenant, en réalité, que des alibis pour faire oublier tous les changements intervenus. Ou bien sont-elles devenues un simple folklore que l'on maintient pour faire plaisir aux *happy few* qui les voient depuis leurs fenêtres ?

Le sociologue américain Christopher Lasch a écrit un livre, *La Révolte des élites et la trahison de la démocratie*, en 1994, au moment où la mondialisation heureuse semblait triompher, dans lequel il voit déjà les fractures sociales et culturelles que celle-ci va provoquer. Il parle de ces « nouvelles élites sociales », nées de la mondialisation, qui « sont bien plus cosmopolites, ou du moins plus vagabondes et migrantes, que leurs prédécesseurs », à savoir « les vieilles fortunes ». Cette évolution fut exactement celle des propriétaires du Parc de Marnes, j'en ai largement parlé.

Christopher Lasch compare ces nouvelles élites à des touristes permanents : « Elles ne se sentent chez elles qu'en transit, sur le chemin d'une conférence de haut niveau, de l'inauguration de gala d'un nouveau magasin franchisé, de l'ouverture d'un festival international de cinéma. Leur vision du monde est essentiellement celle d'un touriste. »

Pourquoi cette vision du monde serait-elle différente une fois leurs valises posées à Marnes-la-Coquette ? Je veux dire par là que l'on ne vient plus s'installer à Marnes pour l'amour d'un territoire auquel on fera allégeance, mais pour se distraire de l'abstraction des marchés financiers et de l'urbanisation des métropoles. Cette nouvelle élite est peut-être heureuse, en effet, lorsqu'elle séjourne à Marnes, d'apercevoir dans les bois autour de ses maisons le nez d'une biche ou de voir passer quelques lampions sous ses fenêtres un soir de juin.

Je terminerai ce chapitre par l'évocation des cloches de l'église de Marnes, qui ne savent justement pas encore de quel côté tomber, entre simple folklore et patrimoine séculaire à préserver.

Jérôme Fourquet, dans son essai *L'Archipel français*, analyse comme premier symptôme de ce « grand basculement » de la société française, le « décrochage terminal » de la matrice catholique : selon lui, les Français préfèrent aujourd'hui, le dimanche, aller chez Ikea plutôt qu'à la messe. À Marnes, le catholicisme se porte encore relativement bien, pas d'inquiétude – pour ceux qui en auraient –, l'église remplit ses bancs chaque dimanche.

Mon propos est plutôt de pointer les projections qui sont faites sur l'église et surtout sur son clocher. Trois fois par jour, le matin, le midi et le soir, les cloches sonnent ou plutôt retentissent de toute leur force dans le village, si bruyamment et si longtemps qu'on pourrait croire qu'une guerre vient d'être déclarée, et qu'il faut mobiliser les troupes du pays pour combattre ! La cloche de l'angélus retentit à pleine volée, c'est la tradition, afin que soit faite la prière de dévotion en l'honneur de l'Incarnation de Jésus.

Un débat est lancé, depuis quelques années, auprès de la mairie : les cloches ne devraient-elles pas se mettre un tout petit peu en sourdine, du moins le matin, pour laisser ceux qui vivent juste à côté de l'église bénéficier, aussi tardivement qu'ils le souhaitent ou qu'ils en ont besoin, d'un sommeil réparateur ? Aucune velléité anticléricale, donc, dans cette bataille de l'angélus, mais une simple dénonciation du vacarme des cloches et une revendication au repos matinal. Un combat déjà mené, dans le passé, par des « élites friandes de délicatesse et de mise en ordre harmonieuse des bruits », comme le démontre l'historien Alain Corbin dans son ouvrage joliment intitulé *Les Cloches de la terre*. Il y cite bon nombre d'écrivains et intellectuels qui ont, depuis le XVIIe siècle jusqu'à nos jours, participé à cette diatribe anticloche. Parmi eux, Boileau, parlant dans sa sixième Satire des cloches qui « pour honorer les morts font mourir les vivants ». Et quelques décennies plus tard, Musset exprimant aussi son intolérance vis-à-vis de ces cloches « embarrassantes »...

Réponse de la mairie, en 2020, par la voix de l'adjointe au maire en charge de la communication : les cloches font partie de l'identité de Marnes, il n'est pas question d'en réduire leur usage !

Je rencontre alors un habitant du village que l'on ne pourra pas accuser d'anticatholicisme : il s'agit d'Arnaud, qui a occupé, pendant trois ans, avec sa famille, la maison du presbytère qui se trouve, selon l'usage, juste à côté de l'église.

À l'origine, les presbytères, à Marnes comme ailleurs, étaient occupés par les vicaires ou les prêtres. Ces derniers étant de moins en moins nombreux, les maisons se vident, laissant un foncier vacant. Les diocèses eurent alors l'idée de proposer à des familles catholiques, comme celle d'Arnaud, d'occuper ces maisons, en échange d'un très modeste loyer et de quelques services rendus en faveur des activités paroissiales comme, par exemple, le catéchisme.

Arnaud, qui me reçut au presbytère, le reconnut sans difficulté lorsque je lui parlai des cloches : « Ce n'est même pas une question de foi parce que, qu'il y ait des cloches ou pas, ce n'est pas grave, les cathos s'en fichent complètement. C'est le folklore, la France d'antan ! ce qui, de mon point de vue, est complètement ridicule. Le cœur de la foi chrétienne est ailleurs. Il y a deux mille ans, il n'y avait pas d'église ! Et donc pas de cloches ! »

Mais voilà, Marnes sans ses cloches ne serait plus Marnes. À l'image, celle de la carte postale restée, par chance, si *typique*, ajoutons le son, celui d'un vrai village de France qui n'a pas peur de braver la séparation de l'Église et de l'État !

Faisons donc sonner l'angélus ! Alléluia ! Et Dieu nous le rendra !

Et comme nous devons à Marcel Proust les plus belles pages consacrées au clocher de village, celles qui ouvrent la description de Combray dans le premier tome d'*À la recherche du temps perdu*, il me faut le citer : « C'était le clocher de Saint-Hilaire qui donnait à toutes les occupations, à toutes les heures, à tous les points de vue de la ville, leur figure, leur couronnement, leur consécration. » Le clocher de Marnes n'inspire-t-il pas le même sentiment ?

Reconnaissons aussi peut-être qu'avec les cloches de l'église, ou bien encore avec cette magnifique inscription « Poste-télégraphe-téléphone » sur la façade de l'ancienne poste du village, il ne s'agit sans doute pas seulement de maintenir un folklore villageois, mais aussi de garder visible et retentissant, claironnant même, un morceau de notre patrimoine et de notre « force poétique », pour reprendre une expression d'Alain Corbin. Pour lui, les cloches des villages ont contribué à cette esthétisation du quotidien collectif, quand il écrit que « cet environnement sonore du passé » est bien un fait historique d'importance[1]. Le récent incendie dramatique de Notre-Dame a montré combien un grand nombre de Français, qu'ils soient catholiques ou non, par leur tristesse et leur désarroi, étaient attachés à ce monument qui appartient effectivement à l'histoire de notre pays. Marnes, à l'instar d'autres communes de France, appartient effectivement à ce même héritage national.

Arnaud me confia une dernière anecdote amusante quant à la vie paroissiale du village : la disparition, à Marnes, des pèlerins sur les bancs de l'église ne viendra pas en tous les cas de cette « dislocation de la matrice catholique » théorisée par Jérôme Fourquet pour d'autres territoires de France, mais du prêtre ! « Le curé actuel est polytechnicien, docteur en physique nucléaire et en théologie. Dans ses prêches, il propose des exégèses de plus en plus complexes de l'Évangile… Au début, tu essaies de t'accrocher, mais tu tiens trois minutes, cinq max. La théologie de haute volée, ce n'est pas notre sujet, même à Marnes-la-Coquette ! On n'a ni le temps ni l'envie de

1. Alain Corbin, *Les Cloches de la terre. Paysage sonore et culture sensible dans les campagnes au XIX*[e] *siècle*, Albin Michel, 1994.

le faire. On veut juste comprendre ce que des enseignements écrits il y a deux mille ans veulent dire dans notre vie aujourd'hui, en 2020. C'est tout et c'est déjà beaucoup. Ce prêtre va finir par faire fuir tous les paroissiens s'il n'y prend pas garde… »

Chapitre 10

Un ghetto confiné

Le livre que vous tenez dans les mains devait paraître le 6 mai 2020, et ne contenir que neuf chapitres. Que s'est-il passé, pour que vous débutiez ici le dixième ?

Au mois de mars 2020, l'épidémie de la Covid-19 est venue bouleverser nos vies, pour nous plonger dans un confinement généralisé de plusieurs semaines dont chacun gardera, par son caractère inédit et singulier, la mémoire. Les librairies ont été fermées et les éditeurs ont arrêté toutes leurs parutions pour les reporter de quelques mois. Mon livre, comme bien d'autres, a ainsi été « mis en attente ».

Marnes-la-Coquette confinée... Cette expérience valait-elle un nouveau et donc dixième chapitre ? Je le crois, d'autant que le temps m'était donné de l'écrire...

Le 17 mars 2020, à l'image de la France entière, le village de Marnes a donc cessé de bouger. Du jour au lendemain, plus personne n'a pris sa voiture pour partir travailler vers Paris. Les enfants ne sont plus allés à l'école, mettant fin à ces cohortes joyeuses de parents tenant leur progéniture par la main et traversant le village à pied le matin pour accéder à la petite école communale, baptisée Maurice-Chevalier, à quelques dizaines de mètres de la mairie. Le restaurant de La Tête-Noire a fermé ses portes, laissant ses tables de terrasse inanimées. Un repos forcé s'est abattu sur tout le village, plongeant soudainement celui-ci dans un silence profond, entrecoupé seulement par le chant des oiseaux. « L'homme est partout, partout ses cris, et sa douleur et ses menaces. Entre tant de créatures assemblées, il n'y a plus de place pour les grillons », écrivait Albert Camus. Les grillons sont restés plus au sud du pays, Marnes a été plutôt épargné jusqu'ici par le cri des hommes et ses menaces, mais avec ce confinement, ici comme partout en France, nous avons tous redécouvert la beauté du silence et l'harmonie des bruits de la nature…

Vivre cette pandémie à Marnes-la-Coquette a été sans doute moins difficile qu'ailleurs. Moins dur qu'à Paris, notamment, à seulement quelques dizaines de kilomètres. La capitale a été le principal foyer de contamination, avec des hôpitaux, à cette époque, surchargés de malades, mais surtout des logements souvent exigus, sans espace extérieur, où il était difficile de rester confiné. À Marnes, le décor est différent. 1 700 habitants seulement, des forêts tout autour du village et des propriétés agrémentées de jardins. Pas de quoi se sentir dans une atmosphère viciée. Pas de quoi non plus organiser un exode sanitaire vers des maisons secondaires, comme l'ont fait 17 % des CSP+ vivant à Paris, dans les vingt-quatre heures précédant le confinement, anticipant ainsi la teneur de l'annonce présidentielle[1].

À Marnes, on est resté chez soi. À la maison.

Mon récit pourrait s'arrêter là. Que s'est-il passé de plus ici, à Marnes-la-Coquette, pendant ces cinquante-cinq jours de premier confinement ? La situation était-elle différente de celle de nombreux villages de France ? Le soleil était partout au rendez-vous, souvenez-vous, les barbecues ont vite crépité dans les jardins tandis que les piscines gonflables sont sorties des garages pour la plus grande joie des enfants. Rien n'était différent, me diront certains Marnois, en me suppliant de cesser de les « stigmatiser ». Mais ce ne

1. Jérôme Fourquet, Marie Gariazzo, *En immersion. Enquête sur une société confinée*, Le Seuil, juin 2020.

serait pas juste et, surtout, ce ne serait pas être très observateur.

Or, je l'ai été, moi, observatrice, pendant ce confinement exceptionnel. Par la force des choses. Puisque je n'ai jamais autant flâné autour de chez moi, me livrant, pendant ces cinquante-cinq jours, à ces promenades quotidiennes autorisées d'une heure, dans un rayon maximal d'un kilomètre autour de mon domicile. Et je dois avouer que dans ce calme, ce silence retrouvé, et avec cette déambulation de soixante minutes que je m'étais imposée sur l'heure du déjeuner, pour échapper au télétravail qui occupait tout le reste de mes journées, j'ai été frappée comme jamais auparavant par ce que Marnes-la-Coquette représentait : un îlot absolument protégé de tout, et même des crises ! Évidemment, le coronavirus pouvait frapper ici comme ailleurs. Aucune personne, même fortunée, n'est immunisée contre la maladie ! Mais tandis que cette expérience du confinement imposait des difficultés à bon nombre de Français et révélait, très malheureusement, la fragilité de leur existence, elle ne faisait que me mettre sous les yeux, tous les jours, avec une acuité encore plus forte, le luxe et le confort de vie dans les maisons de Marnes. C'est le rôle même des crises, me direz-vous ; elles servent de révélateur. Le philosophe Michel Onfray l'avait prédit, très tôt, dans une interview donnée au *Figaro*, le 28 mars 2020. À la question « Pensez-vous que notre société peut sortir renforcée de cette épreuve ? », voilà ce qu'il répondait : « Je ne crois pas : cette expérience a été massivement imposée et non librement choisie. Elle va casser pas mal de choses et de gens fragiles. [...] On ne passe pas impunément et si brutalement d'une société du bruit partout, de l'hyperactivité tout le temps [...] au calme, à la solitude, à l'isolement, à l'invisibilité sans que tout cela n'entraîne de terribles dommages. » Solitude, isolement, invisibilité, terribles dommages... tout cela n'était pas de mise à Marnes. Tant s'en faut.

Le calme du village m'a justement permis d'entendre les bruits que, d'ordinaire, je ne percevais pas. Ici, des balles de tennis qui s'échangeaient et qui m'ont amenée à réaliser l'existence d'un terrain, juste derrière un mur. Là, des clapotis d'eau, laissant clairement deviner des enfants s'amusant dans une piscine... À l'oreille, j'aurais pu établir une cartographie précise de toutes ces piscines et tous ces courts de tennis situés à quelques encablures seulement de la tour Eiffel et qu'il est impossible de voir depuis la rue. Je les découvrais beaucoup plus nombreux que je ne l'aurais imaginé. Et ces discussions familiales, aussi, que j'entendais nettement dans les jardins, au moment de mes promenades, à l'heure du déjeuner, qui me parvenaient joyeuses et insouciantes.

Un dernier bruit, et pas des moindres, a également accompagné mon confinement : le claquement des sabots des chevaux sur le bitume des rues ! Lors de mes sorties quotidiennes, j'ai en effet découvert une superbe maison située dans une rue voisine de la mienne, légèrement en hauteur, sur une butte, à la lisière de la forêt. La taille de cette maison laisserait presque penser à un hôtel ou une clinique, mais elle appartient bien à une seule et même famille. La maison est cachée par des arbres et par une première bâtisse, beaucoup plus modeste, qui sert de paravent pour les badauds de la rue. En l'observant plusieurs jours d'affilée, attirée par son architecture étonnante – au centre du bâtiment, une impressionnante baie vitrée, entourée d'une tout aussi considérable armature de fer, digne de l'époque Eiffel –, je réalisai qu'un manège de chevaux était attenant à la maison. J'y ai vu régulièrement deux chevaux à l'entraînement, montés par leur cavalier respectif. Ces cavaliers traversaient régulièrement la rue avec leurs chevaux dont le bruit des sabots au sol résonnait de façon éclatante dans le silence du confinement, pour les mener jusqu'au parc de Saint-Cloud. Cette famille mesurait-elle le privilège qui lui était alors offert ? Le parc de Saint-Cloud était, en effet, en raison de la crise sanitaire, interdit de promenade et fermé au public, comme tous les autres parcs et jardins d'Île-de-France. J'appris que nos cavaliers avaient la clé des grilles du parc pour y mener leurs chevaux en promenade ; et ce toute l'année. Comble du luxe, entre le 17 mars et le 11 mai 2020, ils ont donc pu pénétrer dans ce parc en toute majesté et solitude ! Et je peux vous dire, au son des sabots sur le bitume, qu'ils ne se sont pas empêchés de le faire, et ce plusieurs fois par jour…

Voilà comment tous ces bruits ont été pour moi, quotidiennement, autant de repères auditifs de ces vies privilégiées que Marnes-la-Coquette abrite. Ces bruits, sans en accuser nullement les auteurs, venaient se fracasser, le soir, sur une autre musique, beaucoup plus tragique, celle de l'inventaire quotidien que faisaient les journaux télévisés du nombre de malades et de morts de la Covid-19… Deux réalités aux sonorités bien différentes, qui pourtant coexistèrent durant cette drôle de période. Nous ignorions encore tout de cette maladie avec laquelle, depuis, nous avons appris, hélas, à vivre.

Ce confinement et mes promenades quotidiennes d'une heure m'ont aussi permis de faire des rencontres. Avec certains propriétaires de chiens, notamment, qui avaient les mêmes horaires que moi, et avec qui je finissais par sympathiser. Et puis, il y eut Victor. Un trentenaire qui habite, depuis toujours, le Parc privé de Marnes-la-Coquette. Victor m'en voudra du portrait que je m'apprête à faire de lui, tant sa prudence était constante dans nos échanges, dès l'instant où je lui ai annoncé mon projet de livre. Il craignait tout : que je caricature ses propos ; que ses mots, malgré toute la retenue qui était la sienne, donnent de lui l'image d'un enfant privilégié ; que j'oppose trop frontalement, à travers son exemple, les riches et les pauvres au détriment des premiers alors que « s'ils avaient réussi, ils n'y pouvaient rien… ». Et pourtant, malgré toutes ces réticences et circonlocutions maladroites et craintives qui ponctuèrent nos discussions, Victor accepta de me parler et, ce faisant, m'autorisa à évoquer son parcours. Je vous le livre dans ce chapitre, car il est finalement intéressant de souligner la chronologie de cette rencontre qui est venue, elle aussi, se télescoper étrangement dans ce contexte de pandémie.

Victor a grandi avec de l'argent, beaucoup d'argent, et a eu tout simplement la chance de n'avoir jamais à faire des choses qu'il ne voulait pas faire. La première d'entre elles : passer son bac. Ses résultats en classe de première sont décevants, ses parents le laissent décider d'effectuer ou non sa terminale. À 17 ans, il fait le choix de la paresse d'une certaine façon et laisse tomber ses études, sans que cela ne suscite aucune inquiétude ni chez lui, ni chez ses parents. Ces derniers l'envoient passer un an en Australie pour apprendre l'anglais. De retour à Paris, il intègre des écoles qui, en échange de droits de scolarité assez onéreux, ne demandent pas de baccalauréat. Il exerce divers métiers : il sera notamment DJ pour animer les nuits parisiennes, parfois même des mariages princiers, empochant alors de très bons salaires. Quand je le rencontre, Victor m'explique avoir été contraint de revenir en urgence du tour du monde qu'il était en train de faire avec un copain, de peur d'être bloqué à l'étranger, coronavirus oblige. Depuis ses 20 ans, il vit dans une très jolie maison située juste à côté de celle de ses parents dans le Parc de Marnes, et n'a donc qu'à traverser son jardin pour les rejoindre au moment du dîner. Victor a pu installer dans cette maison – qui appartient à ses parents – tout à la fois un studio d'enregistrement, pour sa musique, et une piscine… au milieu de son salon ! Encore célibataire, il y reçoit ses copains régulièrement pour des fêtes, toujours très chaleureuses. Ses amis sont fils de publicitaires célèbres ou d'assureurs fortunés. Son meilleur « pote » était, à l'origine, son voisin de maison secondaire, en Corse. Une destination de vacances où il se rend donc chaque année dans l'avion privé de son père, pilote amateur mais passionné. Ses parents ont d'ailleurs reçu Johnny et Laeticia Hallyday dans leur logis corse, alors que ces derniers séjournaient à proximité. Victor est un garçon très sympathique. Il faut dire qu'il a une vie d'héritier. Voilà ce qui le différencie des autres garçons de son âge. Il est à l'abri de tout et n'a pas besoin de se donner du mal pour quoi que ce soit. Cela rend forcément son quotidien et son caractère joyeux.

Quelle leçon tirer de cette rencontre ? Victor a hésité quelque peu : m'inviter ou pas dans sa maison. Il l'a évoqué, mais m'a toujours laissée à la porte de celle-ci lors de nos échanges, qui se sont renouvelés quelques fois pendant ce confinement et qui ont toujours eu lieu, du coup, en promenade ou sur un banc dans le petit square Pasteur, situé dans le bourg du village. Si je découvrais cette maison – et sa piscine au milieu du salon –, qu'allais-je en penser ? Qu'allait-elle me raconter de la vie de Victor ? Forcément des choses très différentes de celle de l'immense majorité des jeunes gens de son âge qui doivent se cramponner à leurs études puis à leur travail, car ils ont tout simplement besoin, contrairement à lui, de gagner leur vie pour avoir un toit au-dessus de la tête. J'aurais pu rassurer Victor sur ma très grande ouverture d'esprit et mon absence totale de revendication ou jalousie sociale, mais je m'amusais à le voir osciller entre confiance et prudence. À sa décharge, difficile de savoir de quel côté me mettre : une voisine, certes plus modeste, mais inoffensive, ou un auteur en quête de révélations pour son livre ?

La leçon de cette rencontre, je la laisserai finalement à Françoise Giroud et l'emprunterai à son ouvrage autobiographique, *Une femme libre*, qui fait partie – je l'ai déjà mentionné – de mes lectures de chevet : « Le jour où un adolescent s'aperçoit qu'il est marqué, que les autres le voient avec une étiquette au front – sa classe, sa religion, éventuellement sa race, le métier de son père, son vocabulaire – et que tout le monde ne porte pas la même étiquette, il prend acte de l'existence de la société et de la place où il s'inscrit dans cette société. C'est son premier geste politique, et parfois le dernier. Geste passif. Il ne choisit pas, il apprend qu'il a été choisi, et dans la géographie de la société, il repère sommairement sa position, ses amis, ses adversaires. »

Victor, nous ne serons peut-être jamais amis. Mais je ne serai pas non plus votre adversaire. Je n'utiliserai pas envers vous, par exemple, je vous le promets, ce hashtag *#guillotine2020*, qui est né de l'autre côté de l'Atlantique, en pleine épidémie de coronavirus… Nous sommes à Beverly Hills et des célébrités qui y habitent postent en effet sur leurs réseaux sociaux des photos et vidéos depuis leurs somptueuses villas, exhortant la population à rester chez elle ou incitant leurs concitoyens, sur fond de piscine vert émeraude, à rester positifs ou à faire preuve de solidarité envers les plus fragiles. « Si seulement ils connaissaient des gens qui ont de l'argent », ironise alors sur son compte twitter Astead Herndon, un journaliste du *New York Times*. En quelques jours, les réactions à ces photos et vidéos fusent sur les réseaux sociaux, les Américains emmenant toutes ces célébrités, qu'ils jugent trop éloignées de leurs préoccupations, sur une virtuelle place de Grève avec le hashtag *#guillotine2020*.

Marnes-la-Coquette n'est pas Beverly Hills, car la France n'est pas l'Amérique. On y vit plus caché et on y vend moins de rêve, surtout en pleine crise ! Mais cette comparaison mérite d'être évoquée, et surtout illustrée par cette scène qui s'est déroulée quelques jours seulement après la fin du confinement. Je rends visite à Maryvonne et passe, pour me rendre chez elle, devant le portail de l'ancienne propriété de Jean Marais, qui se situe sur le même trottoir, à quelques mètres seulement de distance des Hirondelles. Le portail est grand ouvert et c'est la première fois que je peux voir ce qu'il cache habituellement. En réalité, de là où je suis, il n'y a pas grand-chose à découvrir, l'ancienne maison de l'acteur reste dissimulée au bout d'une grande allée de verdure qui doit bien faire une centaine de mètres et qui est la seule chose que j'aperçois depuis la rue et le portail ouvert. Une modeste maison de gardien se trouve là, juste à l'entrée de l'allée, sur laquelle est apposée une inscription : « Allée Jean-Marais, 1913-1998 ». Arrivent alors près de moi trois hommes assez costauds qui m'interpellent très gentiment, me demandant ce que je cherche. Je leur explique ma curiosité pour cette propriété presque historique. Je comprends, en réalisant que je suis entourée d'impressionnants cartons de déménagement, que ces trois personnes sont en train d'installer de nouveaux propriétaires dans les lieux. Tout ce petit monde vient de Dubaï, m'indique-t-on ! Voilà donc encore une belle trajectoire de maison à signaler : souvenez-vous, l'Académie française avait déjà laissé la place au Qatar, et maintenant c'est le cinéma français qui lègue son héritage aux Émirats arabes unis. Les trois gars se détendent et discutent avec moi, entre deux manipulations de cartons :

« C'est dommage que vous ne puissiez pas voir la maison, madame, c'est Hollywood, cette maison ! Un luxe incroyable ! Dedans, dehors, la piscine, tout... c'est Hollywood !

— Il fallait bien ça pour succéder à Jean Marais, je leur réponds.

— Jean qui... ? »

Je leur montre l'inscription sur la petite maison du gardien en leur expliquant qui était Jean Marais.

« On n'est pas français, vous savez, on ne connaît pas cet homme... »

Marnes-la-Coquette n'est donc pas Beverly Hills et sa cohorte de légendes de cinéma. Pourtant, pendant ces cinquante-cinq jours de confinement, la réalité, oserais-je écrire *sociale*, de Marnes-la-Coquette à Beverly Hills, a été quasiment la même : une catégorie de personnes, de *happy few*, a vécu cloîtrée dans de spacieuses maisons de luxe ! Le politologue Jérôme Fourquet l'a résumé de façon évidemment plus universitaire : « Si l'épidémie qui s'est propagée en France et le confinement qu'elle a provoqué auront constitué une épreuve pour l'ensemble du corps social – et auront donc été, en ce sens, susceptibles de raviver le sentiment d'appartenance au collectif –, cette expérience, pour autant, loin d'être un antidote à l'archipelisation de la société française, a en réalité exacerbé les fractures déjà à l'œuvre au sein de notre société[2]. » Et cela est d'autant plus vrai que, contrairement à ce que l'on aurait pu imaginer avec une économie française qui s'était figée, les catégories les plus fortunées n'ont pas vraiment eu à s'inquiéter pour leurs affaires pendant cette crise. J'ai en effet interrogé deux riches entrepreneurs de Marnes : s'étaient-ils inquiétés du sort de leur entreprise, dont dépendait malgré tout leur fortune et, avec elle, le sort de centaines de salariés ? Leurs réponses sont allées dans le même sens. Tout d'abord, le gouvernement leur a sauvé la mise : « Il faut dire que l'on a beaucoup

2. Jérôme Fourquet, Marie Gariazzo, *En immersion*, *op. cit.*

critiqué Emmanuel Macron et le Premier ministre de l'époque, Édouard Philippe, pour la gestion des masques notamment, mais d'un point de vue économique ce qu'ils ont fait a été exceptionnel. Ils ont sauvé nos entreprises. Il fallait oser, quand même, *socialiser* ainsi l'économie et la mettre sous perfusion d'argent public ! » Un énorme souci en moins, donc. Le magazine *Challenge* le dit d'ailleurs explicitement en offrant à ses lecteurs, en juillet 2020, son classement annuel des 500 plus grandes fortunes françaises : « Bien sûr, cette année, la crise du coronavirus est passée par là. [...] Mais il faut admettre un constat : les grandes fortunes sont sorties presque indemnes de la Covid. Cela ne veut pas dire que le patrimoine de certains entrepreneurs ou de familles puissantes n'ait pas été lourdement impacté. Mais, globalement, nos 500 ont vu leurs actifs professionnels progresser de 3 % en un an[3]. » Et dans la mesure où tout a été à l'arrêt, je trouvais surprenant ce que me confiait encore un de mes deux entrepreneurs dont une partie de la fortune est pourtant investie dans des hôtels de luxe et des grands restaurants : « J'avais l'esprit assez tranquille. Nous étions tous à l'arrêt.

3. *Challenges*, n° 662, 9 juillet 2020, avant-propos de Vincent Beaufils, p. 21.

C'était un cas de force majeure, donc tu n'es pas dans un moment d'échec personnel qui te remet en question. Pas d'inquiétude au sens métaphysique du terme ! »

Qu'ont-ils fait alors, ces hommes d'affaires, pendant le confinement ? Ils ont travaillé, bien sûr, car il fallait préparer l'après, ce qui n'était pas non plus une mince préoccupation. Mais, on le sait, ils ont pu le faire dans des conditions de confort exceptionnelles... et, surtout, en ayant soudainement, eux aussi, par la force des choses, puisque la machine économique s'était arrêtée, un peu plus de temps pour profiter de ce confort ! Et comme le temps était le seul luxe qu'il leur manquait jusqu'ici, puisqu'ils sont pris d'ordinaire dans un affairisme et une hyperactivité propres à leur situation d'entrepreneur, ils se sont retrouvés finalement, pendant toute cette période, assez vernis !

Hasard de lecture, alors que j'écris dans la journée ce dernier chapitre, je suis plongée, le soir, en me couchant, dans un livre qui rassemble les entretiens que Françoise Sagan a donnés à différents journaux entre 1954 et 1992[4]. Le temps

4. Françoise Sagan, *Je ne renie rien. Entretiens*, Paris, Stock, 2014.

est justement un sujet qui taraudait beaucoup Sagan. Elle répète souvent, puisque je le lis à plusieurs reprises dans ce livre, que le plus grand luxe dans la société contemporaine, ce n'est pas l'argent, c'est de pouvoir prendre son temps. En disant cela, elle dénonce aussi l'impossibilité de le faire, pour la grande majorité des Français : « La société vole le temps. La seule chose que chacun possède pour en faire normalement ce qu'il veut. Mais tout se passe comme si chacun sacrifiait dix ou quinze années de sa vie sur l'autel de l'économie. » Et la voici plus poétique, dans une autre interview : « Les gens n'ont pas le temps de goûter le temps qui passe. Chaque minute, qui pourrait être un cadeau, n'est plus qu'une enclave entre deux autres minutes. Alors que chaque minute – c'est le principe même de la vie – devrait être une minute pleine, de n'importe quoi, de bonheur, de soleil, de silence, d'un sentiment réel. On n'a plus le temps d'avoir des sentiments réels. »

Chère Françoise Sagan, je ne sais pas comment vous auriez vécu cette expérience de confinement, vous qui étiez aussi très attachée à votre liberté, dont nous fûmes malgré tout un peu privés, mais ce moment particulier aura écarté l'Économie de nos vies pour quelques semaines et, ce faisant, il nous aura offert ce temps qui d'ordinaire nous manque pour nous permettre d'avoir des sentiments réels…

Et c'est sur la place du village de Marnes que ces sentiments se sont notamment exprimés. Une place qui a rassemblé, le soir, entre 18 et 20 heures, quelques Marnois à la vie un peu plus modeste (ceux qui vivent en appartement ; quoiqu'ils ne soient pas très nombreux, on ne compte que deux petits immeubles dans le bourg du village), mais aussi ceux qui se sentaient un peu seuls pendant ce confinement. Ce fut le cas de Maryvonne, par exemple, qui fut privée de la visite de ses enfants et de ses amis. Les retrouvailles de toutes ces personnes étaient informelles. Venaient ceux qui le souhaitaient. Maryvonne connaissait tout le monde, fatalement, mais certains se découvraient, toujours avec joie. On sortait alors les vieilles chaises en bois de l'église pour former un cercle devant son entrée, tout en prenant bien soin de laisser la bonne distance entre chacune d'elles, gestes barrières obligent. La petite bande qui se formait alors renouait avec le plaisir de la conversation, comme « au bon vieux temps du village », me dira Maryvonne. Les plus jeunes étaient très prévenants envers les anciens, toujours soucieux de prendre des nouvelles de leur santé quotidienne et de leur laisser, si besoin, leur chaise. Non sans avoir auparavant vérifié la solidité de celle-ci. Le bois et la paille des assises de l'église ne dataient pas d'hier – très certainement du siècle dernier – et une chute était impensable en cette période déjà troublée. Les plus âgés de cette petite assemblée n'étaient plus habitués à cette politesse et cette attention, qui avaient eu tendance à s'estomper ces dernières années... En fait, il ne manquait que l'apéritif ou les jeux de cartes et de boules pour reformer, à quelques-uns, grâce à cette épidémie, cette amitié villageoise d'antan. Le coronavirus était évidemment très présent dans les discussions, qui dérivaient souvent vers « ce monde qui ne tourne plus rond » et « ce qu'il faudrait faire pour le changer »... Si une espèce de couvre-feu informel, en raison du confinement, n'avait pas poussé chacun à rentrer chez soi, la place de l'église aurait pu bruisser jusque tard de ces échanges. Mais on savait qu'ils reprendraient le lendemain et, mentalement, cela aidait à tenir.

Une autre image m'a frappée, comme une réminiscence du passé, elle aussi : celle d'un vieux monsieur, octogénaire, que j'ai surpris un après-midi de beau temps, pas très loin de la grande maison avec les chevaux évoquée plus haut, assis devant chez lui, sur une chaise ; il était habillé d'un pantalon de costume, d'une chemise et d'une cravate ; il taillait une petite haie de sa clôture, dans cette tenue et cette position, avec des gants et une grande paire de ciseaux de jardinage en main, en allant très lentement, un rythme que son âge lui imposait. Là encore, cet homme, endimanché comme on ne le voit plus, se livrant à quelques menus travaux de jardinage dans le calme absolu d'une rue sans voiture, m'apparaissait comme une des dernières traces du « monde d'hier », aujourd'hui presque effacé.

Une mauvaise nouvelle est tombée pendant ce confinement : Morgane, qui fut, souvenez-vous, la première antiquaire de Marnes, a quitté sa maison pour aller dans ce que l'on appelle maintenant un Ehpad, à Versailles. Je l'ai appris en m'inquiétant de ses volets toujours fermés. Et les nouvelles que l'on me donna alors n'étaient pas bonnes : sa tête était partie, comme on dit, aussi vite que son chagrin était arrivé de se retrouver ainsi dans un environnement qui n'était plus le sien. En quelques semaines, Morgane ne reconnaissait déjà plus ses visiteurs, me disait-on, et se perdait, en parlant, dans des incohérences qui faisaient peine à entendre. Je m'étais dépêchée, pourtant, de terminer ce livre, consciente de sa fragilité et soucieuse de partager cette publication avec elle. Avant le confinement, Morgane était déjà devenue une petite dame fragile, mais toujours aussi élégante, avec ses cheveux immanquablement retenus par un foulard chamarré enroulé autour de sa tête et qui lui tenait lieu de coiffure. J'avais fêté ses 93 ans avec elle… L'anniversaire de ses 95 ans, en novembre 2020, n'a pas eu la même douceur. Il est trop tard pour lui reparler de Marnes. Sans le savoir, j'ai pris ses derniers souvenirs. Mon cœur se serre en pensant, pour reprendre une autre expression de Françoise Sagan, au « sordide de la vieillesse » qui vous enlève votre tête avant même de vous priver de votre vie. Je réalise que, Morgane partie, son souvenir s'estompera malheureusement très vite dans le village et, avec lui, celui de toute une époque.

Chère Morgane, ce livre est pour vous.

La grande Histoire a quitté le village, Napoléon III, Pasteur, Eisenhower…

Tout comme la musique de nos idoles et certains grands noms du cinéma…

Un petit quelque chose de France était en chacune de ces personnalités. Tout comme dans ce village de Marnes-la-Coquette, qui a été le vôtre.

Un héritage disparaît, j'avais à cœur de le faire revivre. Sans doute parce que la nostalgie peut aussi être une promesse d'avenir… Mais l'esprit du temps n'est pas celui-ci, on veut à tout prix extirper la nostalgie du cœur des hommes. Jacques Séguéla, le premier : « La commune de Marnes-la-Coquette s'est rétrécie sur elle-même et a raté sa mutation. Aujourd'hui, il faut savoir être hybride entre la tech et l'affect ! Un petit village comme Marnes, c'est trop d'affect. Il faudrait donner un peu de modernité, de technologie, de progrès à tout ça… Il ne faut pas, en tous les cas, se laisser glisser dans la nostalgie du passé. Un petit village comme ça doit avoir une nostalgie du futur ! »

À chacun sa nostalgie finalement… La mienne sera celle de ce village et de cette France qui s'en va en même temps que Morgane.

Le premier confinement dû à l'épidémie de Covid-19 a suspendu le temps… Une fois la machine remise en marche, garderons-nous dans les oreilles la beauté du silence, et cesserons-nous de regarder toujours vers l'avant pour jeter quelques coups d'œil, aussi, derrière nous ? Je n'ose y croire.

Je revois, en décembre 2020, alors qu'un deuxième confinement a été nécessaire, cet entrepreneur à la tête d'un groupe de restaurants et hôtellerie de luxe. Toutes ses activités sont de nouveau à l'arrêt. Je le retrouve pourtant étonnamment serein : « Ce deuxième confinement n'a rien à voir avec le premier. On n'est plus dans l'inconnu. Et, de surcroît, on n'a plus d'incertitude sur le fait que les gens vont avoir envie de revenir dans nos établissements à leur réouverture ! La réponse est oui, ils l'ont prouvé à la fin du premier confinement. Nos restaurants et nos hôtels se sont remplis dès le lendemain ! » À peine concède-t-il, pendant ces mois sans activité, des pertes lourdes en termes de trésorerie, qui sont absorbées aujourd'hui par les fameux prêts garantis par l'État (PGE) mais qu'il faudra bien rembourser à un moment donné. « C'est la vie d'un entrepreneur ! On va s'adapter, trouver des solutions, on en trouve toujours, c'est notre job. *Business as usual* », me dit-il avec la tranquillité de ceux qui ont été malgré tout, jusque-là, plutôt gâtés par la vie.

Business as usual… Ainsi va donc la vie économique et, avec elle, la modernité d'un monde qui se projette dans un avenir forcément réjouissant. La beauté du silence a déjà disparu.

Épilogue

C'est au café Armani, à Saint-Germain-des-Prés, qu'Albert me donne rendez-vous. Je comprendrai plus tard qu'il a choisi ce lieu en raison des essayages de costumes qu'il doit faire dans la boutique du même nom, qui jouxte donc le café.

Albert est un autre entrepreneur à succès, lui aussi quarantenaire et habitant de Marnes-la-Coquette. Nous avons vécu, Albert et moi, une expérience particulière qui méritait une place dans ce livre.

Albert est un entrepreneur dans l'âme, à tel point qu'il s'est payé le luxe d'arrêter l'école en seconde pour commencer à travailler. Les études n'étaient pas faites pour lui, il fourmillait d'idées à peine l'adolescence terminée, et il voulait entrer rapidement dans le vif de celles-ci, convaincu que le baccalauréat ne lui serait d'aucune utilité. Le luxe (de cette décision) venait aussi de son milieu d'origine, extrêmement favorisé, qui lui donna, consciemment ou pas, un grand et solide filet de sécurité pour assumer une telle audace. En effet, les échecs sont toujours moins douloureux à supporter avec de l'argent pour rebondir…

Après avoir commencé à travailler quelques années comme commercial dans une société, Albert lance sa propre entreprise à 21 ans. Nous sommes au tout début des années 2000, au moment où les transformations numériques font leur apparition. Notre jeune entrepreneur a l'intuition qu'il faut rapidement accompagner les entreprises dans cette mutation technologique. Il fonde donc une société de conseil en ingénierie numérique, qui ne fera que grossir avec les années, pour atteindre aujourd'hui plus de 2 500 salariés répartis dans 14 pays, avec un chiffre d'affaires de 300 millions d'euros. La révolution numérique touche désormais tous les secteurs d'activité. C'est du moins ce que je crois comprendre, lorsque Albert tente de m'expliquer son entreprise, en parlant très vite et sans jamais vraiment me regarder dans les yeux, les siens se promenant nerveusement sur tout et tout le temps, comme si l'intérêt se trouvait ailleurs que dans notre conversation – dans laquelle, étrange paradoxe, il semble pourtant s'investir.

Cette conversation fut difficile à obtenir. Non pas en amont, mais le jour même du rendez-vous. Albert avait manifestement pris du retard tout au long de cette journée de samedi et était arrivé à la fermeture de la boutique Armani. Celle-ci n'avait néanmoins aucune intention de laisser dehors l'un de ses meilleurs clients, et le directeur de la boutique en personne prit le temps nécessaire pour effectuer l'essayage dans les meilleures conditions.

De mon côté, je n'avais qu'à l'attendre au café, prévenue du retard par un SMS.

Albert finit par me rejoindre, près d'une heure après l'horaire initialement prévu. À peine assis, il aperçoit – avec ses yeux qui s'intéressent à tout – le sac de la librairie du boulevard Saint-Germain-des-Prés que j'ai avec moi, et qui contient les achats que j'ai effectués un peu plus tôt dans la journée.

« Vous étiez à L'Écume des pages ?

— Oui…

— J'ai des livres à acheter moi aussi, vous allez m'aider, venez avec moi ! »

Cette injonction, qui reste aimable, ne souffre néanmoins pas vraiment de discussion, d'autant plus que je ne souhaite pas repartir sans l'interview que je suis venue chercher.

En traversant le boulevard pour rejoindre la librairie, Albert m'explique qu'il vient d'acquérir sa maison à Marnes, après un douloureux divorce. La décoratrice d'intérieur, qui a suivi tous les travaux d'aménagement, lui a laissé une grande bibliothèque vide ! « Cette bibliothèque m'a coûté une fortune, et elle n'est même pas remplie de livres ! »

Je ne relève pas l'étrangeté du raisonnement, selon lequel laisser son propriétaire remplir lui-même sa bibliothèque serait une hérésie. Une bibliothèque me semble pourtant devoir se composer des lectures passées et à venir de son détenteur.

« Vous avez bien des livres à me conseiller ?

— Oui, sûrement. En même temps, des livres, c'est très personnel…

— Que mettriez-vous dans une bibliothèque vide ? Nous pouvons peut-être commencer par des livres un peu… volumineux. Venez ! »

Albert s'avance, fidèle à lui-même, d'un pas déterminé et conquérant vers le département dit des beaux livres. Là, se passe une chose inattendue : je le vois prendre, à grande vitesse, en quelques minutes, un livre sur la table de droite, deux livres sur la table de gauche, un quatrième et un cinquième sur une étagère un peu plus loin, puis un sixième… et poser le tout sur le comptoir de la caisse. Dans le même élan, il interroge le vendeur :

« Et ces livres-là, monsieur, dans cette petite vitrine, je peux les prendre ?

— Lesquels ? lui demande le vendeur.

— Je les veux bien tous, si c'est possible. »

Un peu interloqué, mais ne refusant pas une vente qui semble prometteuse, voilà notre vendeur, grimpé sur un petit escabeau, en train de retirer tous les livres de sa vitrine. En l'occurrence, un livre de photos et de croquis sur la construction de la tour Eiffel, un album-souvenir sur Albert Camus avec des archives inédites publiées par sa fille, un autre album de mon dessinateur préféré, Sempé… Tous ces livres viennent s'empiler dans les bras d'Albert, qui les reçoit du vendeur perché sur son escabeau. Celui-ci descend enfin, vient au secours d'Albert pour apporter à la caisse tous les ouvrages. Mais Albert n'est pas rassasié. La course reprend, sont encore ramassées les œuvres intégrales de Proust réunies dans un seul et épais ouvrage. Je ne peux retenir cette question : « Vous voulez lire Proust ? Vous êtes courageux… »

La réponse est accompagnée d'un rire franc : « Je doute d'en avoir jamais le temps ! »

Réflexion qui n'empêchera pas Albert de garder ces œuvres complètes sous le bras et d'en ajouter même d'autres, notamment celles de Céline et de Victor Hugo. Trois auteurs majeurs et prolixes de la littérature française sur lesquels on empile encore quelques beaux livres, pris eux aussi au hasard d'une déambulation qui continue d'être surprenante, impulsive, presque sauvage, dans cette librairie de Saint-Germain-des-Prés.

Tous ces livres, je le comprends très vite, ont une vocation décorative : il faut de « beaux livres » pour une « belle » bibliothèque toute neuve d'une maison de Marnes-la-Coquette !

Pour ma part, si je confesse volontiers n'avoir pas lu tous les livres que j'ai chez moi, c'est la première fois que je vois quelqu'un faire ses courses dans une librairie comme on les fait dans un supermarché. Et encore, peut-être prend-on plus de temps pour choisir conserves et surgelés, puisque la perspective est bien de les manger !

L'addition de tous ces livres est élevée, et Albert précise que son chauffeur viendra les chercher le lendemain.

Cette fièvre acheteuse terminée, Albert me propose de me ramener à Marnes en voiture, ce que je refuse poliment, lui suggérant plutôt, puisque nous n'avions pu vraiment échanger, de nous revoir bientôt. Il accepte en peu de mots et d'un bref sourire, et monte dans sa voiture avec une telle rapidité que j'en reste quelque peu ébaubie !

L'église du faubourg Saint-Germain et son abbaye, que j'ai en face de moi, m'inspirent une profonde respiration, réconfort à cet entretien reporté (et qui finalement n'aura jamais lieu...).

Ma vie est indéniablement plus calme que celle d'Albert, voilà ce que je me dis alors. Mes yeux arrivent à se poser plus de quatre secondes sur un même monument, comme sur cette église, et à en apprécier la contemplation. Mon rapport aux livres, et à leur place dans une bibliothèque, est aussi indéniablement plus *old school.*

Mes études sont-elles en cause ? Albert n'en a pas suivi, quant à lui. Peut-être ai-je appris à me poser, à travailler sur une table, avec des livres entre les mains, à une époque où Internet n'existait pas…

Pourquoi Albert s'était-il installé à Marnes, finalement ? Aurait-il anticipé, ou bien ouvert en éclaireur ce qui allait peut-être devenir, selon la prescience de Jacques Séguéla, la nouvelle destination de la technologie et de la modernité ? Albert avait à peine pris le temps de m'expliquer qu'il avait quand même gardé un appartement au Trocadéro pour sa vie parisienne, et que sa maison de Marnes était destinée à ses filles – elles étaient encore petites et il voulait leur offrir un grand jardin et des chiens. Il avait hésité entre Marnes et Senlis, parce qu'il jouait au polo à quelques kilomètres de là. Marnes avait eu sa préférence parce que plus proche de Paris.

Restée seule dans ce quartier de Saint-Germain que je connais par cœur pour y avoir étudié et travaillé, je me demande si ma vie est aussi réussie que toutes celles des personnes riches que j'ai rencontrées à Marnes. Je pense à ma famille et à sa trajectoire, depuis la Pologne d'un côté et l'Italie de l'autre. À mes grands-parents, immigrés, qui ont relevé leurs manches pour tout recommencer à zéro après la guerre. À ma mère qui m'a donné l'amour des livres et des bibliothèques justement.

J'ai eu de la chance de grandir du bon côté du périphérique, un peu par hasard, grâce à la blessure de mon grand-père pendant la guerre qui l'a amené là, dans cette banlieue cossue. Ma cousine polonaise, Magda, née la même année que moi, a dû, elle, grandir en Seine-Saint-Denis, dans le fameux département du « 9-3 ». Sa banlieue a elle fut bien plus rugueuse, difficile, puisqu'elle charrie les problèmes et les fractures d'un territoire qui concentre ses pauvres et ses immigrés dans les hautes tours des quartiers HLM. Tours dans lesquelles elle a vécu, à Saint-Denis. Mais Magda s'en est sortie, brillamment même, en devenant, elle aussi, médecin. Sa mère pleurait de joie le jour de son entrée comme interne aux urgences de l'hôpital de Saint-Denis, la ville de son enfance.

Et puis un drame s'est produit : Magda est décédée à peine son internat de médecine terminé.

En écrivant sur Marnes-la-Coquette, j'ai voulu retourner à l'hôpital de Saint-Denis et parler à ceux qui avaient connu Magda. Peut-être pour plonger dans « l'autre monde », celui qui ne brasse pas la richesse ou la réussite, mais plutôt, le plus souvent, la pauvreté et ses difficultés.

C'est Mathias Wargon, le chef du service des urgences de l'hôpital (et mari d'Emmanuelle Wargon, ministre du Logement de l'actuel gouvernement) qui me reçoit gentiment dans son bureau. Il n'a pas connu ma cousine, mais est prêt à m'aider à trouver ses anciens collègues. Je lui explique également le livre que je suis en train d'écrire et je l'interroge : ne voudrait-il pas travailler dans un hôpital plus cossu, dans une banlieue chic justement ? « Mes patients ici ne sont pas les mêmes que ceux de Marnes-la-Coquette et de ses environs, c'est certain... Mais je ne suis pas sûr que j'aimerais autant mes patients là-bas. Je me sens beaucoup plus proche d'eux ici. C'est le petit-fils d'immigrés juifs qui vous dit cela. C'est très important. Ma grand-mère habitait à la maison : elle avait perdu toute sa famille, y compris son mari, dans les camps de concentration. Eh bien, je n'oublie pas que, moi aussi, demain, je peux être un immigré, c'est ancré en moi. J'aurais pu être à leur place. Pourtant, je suis on ne peut plus français ! Mais j'ai cette histoire au fond de moi. Et ces banlieues chics, ce n'est pas mon monde. Mon monde, il est là. J'aime cette ambiance de bordel méditerranéen, je la préfère même. Mes patients, le personnel de l'hôpital, ils sont plus chiants à diriger, mais aussi plus chaleureux. Ils sont capables de choses formidables. Même chez les voyous, il y a une chaleur. Ils sont sympas quand on les connaît. Les familles sont reconnaissantes. Mais c'est vrai, cela ne veut pas dire que l'on ne tombe pas aussi sur des dealers qui menacent le personnel avec un couteau... Ne tombons pas dans l'angélisme ! »

Mathias Wargon a choisi son camp, d'une certaine façon, même si sa vie ne se résume pas au service des urgences de Saint-Denis. Lorsque, le soir, il quitte l'hôpital, il rejoint sa femme ministre et ses enfants dans un appartement cossu, en plein cœur de Paris. Un confort qui rend la critique peut-être plus facile. Comme il dit, « il a [son] côté bourge et [son] côté moins bourge ». Un pied dans chaque monde finalement, et « deux mondes qui ne se connaissent pas, c'est clair ! », reconnaît-il. « Il y a beaucoup de fantasmes, vraiment, sur les riches, les politiques, les énarques... Et puis, de la même manière, il y a une méconnaissance complète de la vie des banlieues de la part de ceux qui sont bien nés, y compris chez les politiques ! Ils ne connaissent pas les populations qui y vivent, ils ne savent pas ce qu'est leur vie, ils ne les fréquentent pas. »

Magda et moi avons eu beaucoup de chance. Nous avons trouvé de la chaleur dans les deux mondes que nous avons fréquentés. Il faut le dire. Simplement, l'époque dans laquelle nous avons grandi était aussi plus facile. L'argent était moins nécessaire, notamment pour les études, qui ne coûtaient encore rien ou pas grand-chose. Et l'argent n'était pas encore la seule *valeur* qui inspirait du respect. Dans les banlieues chics comme dans les banlieues difficiles, on vous regardait avec considération lorsque vous étiez « diplômé ». Aujourd'hui, ici comme là-bas, tout est devenu une question de compte en banque. Pour impressionner son voisin, il faut être devenu riche. Magda et moi avons toutes les deux beaucoup travaillé et c'est ce qui nous a ouvert toutes les portes, à défaut de pouvoir le faire grâce à notre famille ou à notre milieu social. Nous n'avons hérité de rien. Nous ne possédons rien. Pas plus mes grands-parents que moi. À Marnes-la-Coquette, je ne laisserai donc pas de patrimoine.

Ma chère famille, par vos mots et vos idées, qui ont occupé tant de discussions et de débats entre nous, par votre amour et ce souci permanent de la transmission et de l'exigence, vous m'avez laissé le plus précieux des héritages. Ce livre, comme tant d'autres choses, je vous le dois.

Photocomposition PCA

Achevé d'imprimer en mars 2021
par Bussière, Saint-Amand-Montrond (18)
pour le compte des éditions KERO
21, rue du Montparnasse 75006 Paris

N° éditeur : 4146354/01
N° d'imprimeur : 2057049
Dépôt légal : avril 2021
Imprimé en France